청소년 비행의
그 시작과 예방

청소년 비행의
그 시작과 예방

한국학술정보㈜

청소년 비행의
그 시작과 예방

정혜원 지음

"어머, 너 혜원이 아니니?"

삶의 이력이 느껴지는 얼굴, 어디서 많이 본 듯한데 기억이 잘 나지 않았다. 구구절절 그녀의 이야기를 듣는 순간, 중학교 3학년 때 두주일 정도 가출을 한 후 담임선생님께 구타를 당하던 도중 뛰쳐나갔던 아이가 생각났다. 빨간 장갑이 유행이던 어느 겨울, 그 아이는 나에게 빨간 장갑을 선물했다. "너 이거 혹시 훔친 거 아니야, 나는 훔친 거 싫어." 이 한마디에 절대 훔친 거 아니라며 손을 절레절레 흔들던 아이였다. 지금은 야채장사를 하고 있는 그녀에게서, 디스코바지를 입고 보이시한 느낌으로 아이들에게 인기를 끌었던 그때의 모습은 찾을 수 없었다.

그녀와의 짧은 만남은 만족할 수 없는 일상 때문에 고민하고 있던 나에게 오랫동안 씨름해야 할 질문들을 남겼다. 왜 그녀는 그때 비행을 했을까? 중학교 중퇴 이후 어떤 생활을 했을까? 지금의 그녀에게 지난날의 삶은 어떤 의미일까? 그러한 질문들은 나에게 청소년 비행에 대해 관심을 갖게 했고, 박사논문의 단초가 되었다. 박사논문을 수정

보완한 이 책은 그녀와의 만남 후 내 가슴 언저리에서 사라지지 않고 남아 있던 숱한 질문들에 대한 답을 찾아가기 위한 노력이었다.

'청소년들이 처음으로 비행을 할 때 그 이유는 무엇일까?' '청소년들이 경험하는 가족 붕괴, 부모 상실, 부모의 경제적 실패와 같은 부정적 사건은 그들이 비행을 처음 시작하는 계기가 될 수 있을까?' '부모의 이혼, 사망, 실업과 같은 사건을 경험한 모든 청소년들이 실제로 비행을 시작할까?' '만약 부정적 사건을 경험한 모든 청소년들이 비행을 시작하는 것이 아니라면 어떤 청소년들은 비행을 시작하고 어떤 청소년들은 비행을 시작하지 않을까?' 이러한 질문에 대해 답해 보려는 것이 이 책의 중심내용이다. 그와 함께 청소년 비행의 시작을 예방할 수 있는 프로그램을 학교영역을 중심으로 소개해보았다.

부족한 연구결과를 책으로 엮으려니 많이 망설여졌다. 하지만 청소년비행의 문제를 새롭게 이해하고 사고하는 데 조그마한 보탬이 되기를 바라는 마음으로 용기를 내본다. 이렇게 용기를 내기까지 고마운 분들이 참 많다. 우선 내가 공부했던 고려대학교 사회학과 대학원의 은사님들께 감사드린다. 특히 지도교수님이신 김준호 선생님은 부족한 제자를 아버지처럼 가르치시고 돌봐주셨다. 바쁜 시간을 쪼개어 박사논문 심사위원으로 세심하게 논문을 지도해주신 원광대 이순래 교수님, 경찰대 박정선 교수님, 논문이 막힐 때마다 이정표를 세워주셨던 전주대 노성호 교수님, 논문 아이디어에서부터 논문 작성까지 아낌없는 도움을 주신 동의대 박철현 교수님, 힘든 순간마다 힘이 되어 주었던 수요모임 동료들과 나의 절친들, 헌신과 애정으로 용기를 북돋워주셨던 부모님, 부족한 언니 때문에 고생했던 동생들과 어려운 출판환경에서도 이 책의 출판을 맡아주신 한국학술정보(주)와 문진현 씨께도 감사의 마음을 전한다.

2010년 8월
정혜원 씀

제5부 청소년 비행의 시작과 예방

표 차례

그림 차례

■■■ **제1부**

들어서며

제1장
청소년 비행의 시작 왜 중요하며, 무엇을 연구해야 하는가?

한국 사회에서 청소년범죄는 이미 위험수위를 넘어선 심각한 사회문제로 대두되고 있다. 각종 공식통계 및 연구조사결과를 종합해보면, 청소년범죄는 점차 폭력화·저연령화되고, 성 일탈이 심화되었으며, 학생범죄의 비중이 높아졌을 뿐만 아니라 재범률 역시 상승하고 있다(청소년백서, 1997-06; 범죄백서, 2002-05; 김은경·이동원, 2003; 김은경 외, 2007 재인용).

청소년 비행은 개인의 심리적 안녕의 차원을 넘어 한 사회의 미래를 좌우하는 국가적 수준의 문제이다. 그렇기 때문에 청소년 비행에 대한 연구는 매우 중요하며, 많은 전문가들이 비행청소년들을 감소시키기 위해 노력하고 있다.

비행청소년들을 감소시키기 위한 최근의 접근방식은 두 가지 방향으로 이루어지고 있다. 첫째는 정상적인 청소년들이 비행에 진입하는 것을 차단하기 위해 조기에 예방적 개입을 하는 것이고, 둘째는 청소년들이 첫 번째 문제행동을 보인 경우에 더욱 심각한 비행을 반복하지 않도록 효과적인 사후개입을 통해 비행으로부터 벗어나게 하는 것이다.

이 두 가지 접근 방식의 효과를 검증하는 경험적 연구들에 의하면 일단 비행을 저지르고 난 뒤에 청소년들의 문제를 해결하려고 하는 것보다는 예방적 차원의 개입이 훨씬 더 효과적이며 경제적인 개입전략임을 밝히고 있다(유성경 외, 1999). 최근 선진 각국의 소년사법정책 또한 사후대처보다는 사전 예방으로 전환하고 있다(김은경 외, 2007).

일단 비행을 저지르고 난 후에는 청소년들의 문제를 해결하여 건강하고 정상적인 발달을 할 수 있도록 지원하는 것은 매우 어려운 일이다. 그러므로 청소년들이 심각한 문제와 범죄에 들어가기 전에 정상적 발달에 필요한 지원을 제공하고 관리하는 것이 매우 중요하다. 이러한 지원과 지지를 제공하기 위해서는, 정상적인 발달과정에 있던 청소년들의 행동이 비행으로 전이(transition)되는 계기가 무엇인가에 대한 연구가 필요하다.

그런데 지금까지 청소년 비행 연구에서는 비행시작, 비행지속 그리고 비행중단을 한 차원으로 놓고 왜 비행이 발생하는지를 규명하는 작업을 주로 해왔다. 이러한 연구들은 비행시작의 원인으로 작용하는 요인이 비행의 지속과 중단을 모두 설명할 수 있다는 암묵적인 가정을 지니고 있다. 그러나 청소년의 성장에 따라 비행을 설명하는 요인은 단계별로 매우 상이할 수 있다. 즉 기존의 연구는 비행의 시작과 지속 그리고 비행의 중단에 상이한 인과과정이 있을 수 있다는 점을 간과하였다. 이에 본 연구에서는 청소년 비행을 비행시작, 비행지속 그리고 비행중단으로 세분화하여, 그중에서 청소년들이 어떤 계기로 비행을 시작하게 되는지에 대해 살펴보고자 한다.

청소년들이 비행을 시작하게 되는 계기에 대한 연구는 특히 한국 사회의 구조적인 측면에서 매우 중요하다.

첫째로 비행시작과 관련하여 살펴보면, 한국은 다른 국가들에 비해 노동시장 진입이 지연되고 있다. OECD 평균이 22.9세인데 한국은 25.0세로 다른 국가들에 비해 2년 정도 노동시장 진입이 지연되고 있다. 이러한 과정에서 좋은 직장에 취업하고자 하는 경쟁과 교육훈련과정에서의 경쟁 또한 심해지고 있다.[1] 경쟁적인 사회구조에서 청소년들이 비행 때문에 잠시 교육훈련과정에서 이탈한다면, 청소년들은 성인으로 성장할 때 필요한 많은 기회와 시간들을 박탈당하게 된다.

또한 청소년들이 비행을 시작하게 되면 일탈자로 낙인찍히게 될 가능성이 높다. 그 이후로 사회통제기관이나 사회로부터 지속적인 감시의 대상이 되는 것은 물론, 합법적 기회로부터 점점 제외되고, 격리되는 등 계속적인 차별 대우를 받게 된다.

뿐만 아니라 일탈자로 낙인찍히거나 낙인찍혀 있다고 생각하는 아이들은 부모와의 관계가 더 소원해지는 등 사회유대가 약화될 수 있다. 그러한 아이들은 학업성취도가 저하되거나 학교에 잘 적응하지 못하게 되고, 차후 취업이 어려워 정상적 사회에 편입하기 힘들어진다(이성식, 2007). 더 나아가 낙인으로 정상적 사회에 편입하지 못한 아이들은 자신과 동일한 처지의 비행친구들과 만나면서 서로 위안과 지지가 되면서 비행경력을 발전시킨다(Kaplan & Johnson, 1991; Adams, 1996; Bernburg et al., 2006; 이성식, 2007 재인용).

---

1) 이른바 명문대 진학을 둘러싼 경쟁논리가 교육현장에 더욱 확대되어 공교육비 지출은 OECD 중하위권수준이나 사교육비 지출을 포함할 경우에 OECD 국가 중 교육투자가 1위를 기록할 정도로 막대한 교육투자가 이루어지고 있다. 이러한 명문대 진학을 둘러싼 경쟁논리는 교육 전반의 위기로 청소년들 일상에 치열한 경쟁의 논리를 주입시키고 있다.

이처럼 청소년들이 일단 비행을 시작한다는 것 자체가 그들의 삶의 중요한 변화이며 이후 삶에도 커다란 영향을 미칠 수 있다.

둘째로 비행을 시작하는 계기적 사건과 관련하여 살펴보면, 최근 한국청소년들은 다양한 사회적 변화들을 경험하고 있다. 예를 들면 높은 이혼율과 재혼율, 부모의 고용불안 등이 있다.

이혼율을 살펴보면 인구 1,000명당 이혼건수를 나타내는 조이혼율은 1990년 이후 꾸준히 증가하며 2003년에 3.5로 가장 높은 수치를 보였다. 이후 2003년에 완만한 감소율을 보이다 2006년에는 125,032건(조이혼율 2.6)으로 전년도에 비해 다소 낮아졌지만, 여전히 과거에 비해 높은 이혼율을 나타내고 있다. 2003년의 경우, 이혼으로 인한 한부모가정의 아동·청소년은 약 10만 명으로 추계됐는데, 이러한 가정의 60%가 20세 미만의 자녀를 두고 있는 것으로 나타났다. 이혼율의 급격한 증가에 따라 재혼 역시 증가하는 추세이다. 1990년 4만 633건이었던 재혼은 2006년 14만 8,228건으로 약 3.5배 이상 증가하였다(통계청, 2007).

1997년 외환위기 이후 우리나라 노동시장은 전체 임금근로자 중 일용근로자와 임시근로자가 차지하는 비중이 점차 증가하여 상용근로자의 비중을 넘어섰다.[2] 또한 실업기간이 장기화되거나 실업자 중 직업을 가진 경험이 있는 실업자의 비중도 점차 늘어나고 있어, 미혼 자녀를 둔 30~40대 부모들이 고용불안을 경험하고 있거나 혹은 실업상태에 처해 있다.

현재 한국의 많은 청소년들은 부모의 이혼이나 가출, 별거, 실직 등 문제에 적절하게 대처하지 않으면 안 되는 상황이다. 과거에 비해 빈번해진 이러한 현실이 청소년 비행에 영향을 끼친다는 우려가 있어

---

2) 비정규직비율이 2001년 8월부터 2007년 3월까지 55~56% 수준을 유지하고 있다(김유선, 2008).

주목된다. 실제로 2008년 6월 6일자 조선일보에는 "경제 불황과 이혼 증가 등에 따른 '가족 해체' 현상이 심화…… 소년범죄 급증"이란 제목의 기사가 실렸는데, 이혼과 경제 불황을 소년범죄의 원인으로 설명하고 있는 이러한 시각은 우리 사회의 일반적인 의식과 별 차이가 없다.

부모의 이혼과 가출, 별거 등과 같은 사건이 청소년들에게 스트레스의 원인이 되는 것은 분명하다. 뿐만 아니라 청소년들을 일시적인 혼란에 빠지게 하거나 혹은 그들의 삶 전체를 변화시키기도 한다. 또한 비행을 시작하게 하는 전환점(turning point)이 될 수도 있다.

그러나 이와 관련한 기존 연구를 살펴보면 반드시 이 같은 공식이 성립한다고 볼 수는 없다. 실제로 일부 경험적 연구에서는 이혼이 청소년의 반사회적 행동을 유발하는 중요한 요인으로 검증되어 왔지만(정진영, 1992; 주소희, 1991; 황옥자, 1987), 일부 다른 연구에서는 이혼이 비행에 영향을 미치지 않는다는 증거가 제시되기도 하였다(오은순, 1997; 주소희, 2007).

기존의 연구들은 청소년기의 중요한 사건 중 부모의 이혼에만 집중하여 연구를 수행하거나 구조적 결손이라는 개념 아래 연구된 것이 대부분이다. 이러한 연구들은 청소년들의 발달 과정에서 경험하게 되는 다양한 사건들을 고려하지 않았으며, 전환점으로서의 '인생사건(life - event)'을 충분히 검토하지 못하였다. 그 결과 지금까지의 연구는 부모의 이혼과 별거, 그리고 갑작스러운 실직과 경제적 실패와 같은 다양한 사건들이 청소년 비행에 어떠한 영향을 미치고 있는지 구체적인 정보를 제공할 수 없었다.

이런 이유로 전환점(turning point)으로서의 인생사건과 비행경력연구에 주목하고 있는 발전 - 생애과정범죄학(developmental and life - course criminology)의 관점에 따라 본 연구를 진행하고자 한다.

발전-생애과정범죄학에서 인생사건(life-event)은 개인의 적응과정에서 의미 있는 변화를 일으키는 사건이며, 궤적(trajectory)의 변화를 야기하는 하나의 전환점(turning point)으로 정의된다. 인생사건(life-event)의 효과를 검증한 학자는 샘슨과 라웁인데, 그들은 청소년 범죄자들이 성숙함에 따라 범죄를 그만두게 할 수 있는 인생사건으로 결혼, 구직, 군 입대, 자신의 환경과 이웃의 변화를 확인하였다(Sampson & Laub, 1993; Sampson & Laub, 2003). 이처럼 범죄중단과 관련된 인생사건 연구는 많은 학자들에 의해 검증되었으나,3) 비행시작과 관련된 부정적 인생사건 연구는 여전히 미흡한 실정이다(Patenoster & Iovanni, 1989; Farrington, 2005a: 7).

불안과 혼란의 시기인 청소년기에 경험하는 부정적 인생사건은 긍정적 인생사건에 비해 그들의 생활에 더 큰 영향력을 미치는 것은 물론, 성인기에 경험하는 것보다 민감한 결과를 동반할 가능성이 높다. 그런데도 청소년기에 부정적 인생사건이 비행시작에 미치는 영향에 관한 연구가 부족하여, 이들의 상관관계에 대한 구체적인 정보를 제공하고 청소년 비행을 정밀하게 이해하는 데 한계가 있어 왔다. 그러므로 본 연구에서는 과연 부정적 인생사건이 비행시작에 영향을 미치는지에 대해 살펴보고자 한다.

또한 현실적으로 부정적 인생사건을 경험한 모든 청소년들이 비행을 시작하는 것이 아니다. 어떤 아이들은 비행을 시작하고 어떤 아이들은 비행을 시작하지 않는다. 부정적 인생사건을 경험한 일부만이 비행을 시작한다는 뜻이다. 이는 부정적 인생사건과 비행시작의 관계

---

3) 범죄중단과 관련된 인생사건 연구로는 조르다노와 그의 동료들, 피케로와 그의 동료들, 샘슨과 라웁, 워 등의 연구들이 있다(Giordano et al., 2002; Piquero et al., 2002; Sampson & Laub, 2003; Warr, 1998).

에 다른 변인이 관련되어 인생사건이 비행시작에 미치는 영향력의 차이를 만들어낸다는 것이다.

따라서 청소년들이 경험하는 부정적 인생사건들이 비행시작에 미치는 영향뿐만 아니라 부정적 인생사건이 어떤 변인에 따라서 비행시작에 다른 영향을 미치는지에 관한 연구가 필요하다.

발전-생애과정범죄학에서는 청소년들이 경험하는 주변관계를 보호요인(protective factor)과 위험요인(risk factor)으로 구분하여 이해한다. 그것은 범죄를 저지르도록 유인하는 위험요인의 구체적 실체와, 범죄를 저지르지 않도록 하는 보호요인이 어떠한 기제로 작동되는지 동시에 고려할 때 범죄를 보다 정확하게 이해할 수 있다고 보기 때문이다.

보호요인과 위험요인에 대한 논의는 발전-생애과정범죄학에서만 아니라 기존 연구들에서도 찾아볼 수 있다. 기존 연구들은 문제의식에 따라서 보호적 기능을 강조하는 이론과 위험적 기능을 강조하는 이론으로 나눌 수 있다.

본 연구는 한국청소년 비행을 설명하는 이론들 가운데 실증연구에 가장 많이 적용되어 왔던 이론들인 사회유대이론과 사회학습이론을 중심으로 살펴보고자 한다(유순화, 2003; 이성식, 1995; 황지태, 1999). 여기서 사회유대이론은 '왜 우리는 법을 위반하지 않는가' 하는 비행의 억제요인에 관심을 가진 반면, 사회학습이론은 '왜 그들은 법을 위반하는가' 하는 비행의 유발요인에 관심을 보이는데, 이들 이론이 내포하고 있는 서로 다른 문제의식에서 비행에 대한 보호적 기능과 위험적 기능을 예상해볼 수 있다. 그러나 본 연구에서는 사회유대이론과 사회학습이론을 독립변수로 사용하지 않고, 인생사건이 비행시작에 미치는 영향을 조절하는 변수로 사용하고자 한다.

사회유대이론과 사회학습이론에서 제시된 요인을 조건적 변인으로 활용하면, 인생사건이 비행시작에 미치는 영향이 청소년의 주변 환경에 따라 어떻게 차이가 있는지를 확인할 수 있을 것이다. 예컨대, 청소년들의 주변 환경이 사회유대이론에서 제시되는 요인으로 구성되어 있다면, 부정적 인생사건을 경험하더라도 비행을 시작할 가능성이 낮겠지만, 반대로 그들의 주변 환경이 범죄와 친화적인 사회학습이론에서 제시되는 요인으로 구성되어 있다면 부정적 인생사건을 경험할 경우 비행을 시작할 가능성은 높아질 것이다.

그러므로 보호요인과 위험요인이라는 일정 조건하에서 과연 인생사건이 비행시작에 미치는 주 효과로 나타나는지, 그리고 이러한 주 효과가 어떻게 변화하는지를 본 연구에서 살펴보고자 한다.

또한 비행시작의 원인도 중요하지만 원인을 연구하는 궁극적인 이유는 비행의 예방에 있다. 이에 미국 범죄예방국의 청소년비행예방프로그램(OJJDP) 중 위험요인과 보호요인을 중심으로 한국 사회 학교 영역에서 적용가능한 프로그램을 소개하였다.

본서의 연구 과제에 대한 논의와 분석의 전개 과정은 다음과 같다.

제1부는 본 연구의 문제제기와 연구목적 그리고 본서의 구성을 설명한다.

제2부는 본 연구의 이론적 논의를 담고 있다. 1장에서는 발전 – 생애과정범죄학을 서술하고, 발전 – 생애과정범죄학의 경험적 연구결과를 통해 비행시작 연구의 의미를 제시한다. 2장에서는 인생사건의 이론적 경험적 의미를 살펴보고, 부정적 인생사건과 비행시작과의 관계 연구 필요성을 살펴본다. 3장에서는 보호요인과 위험요인에 대한 이론적·경험적 논의를 살펴보고, 조건요인으로서 사회유대이론과 사회학습이론의 재구성과정을 확인한다. 마지막으로 이를 바탕으로 본 연구의 종합적인 분석틀을 제시한다.

제3부는 연구방법으로서 1장에서는 본 연구에서 사용하는 연구 자료에 대해 기술한다. 2장에서는 본 연구에서 사용하는 주요 변인에 대한 측정방법을 설명한다. 3장에서는 본 연구에서 제시한 연구문제를 위한 분석방법을 기술한다.

제4부는 연구결과에 대한 장으로, 1장에서는 조사대상자의 일반적 특성과 인생사건 그리고 보호요인과 위험요인에 대해 전반적인 실태를 살펴본다. 2장에서는 인생사건, 보호요인, 위험요인들 간의 관계를 살펴본다. 3장에서는 인생사건이 비행시작에 미치는 주 효과를 검증하고, 4장에서는 첫째, '부모애착', '교사애착', '성적'이 인생사건이 비행시작에 미치는 영향을 조절하여 보호적 기능을 하는지 확인한다. 둘째, '비행친구', '잘못된 훈육'이 인생사건이 비행시작에 미치는 영향을 조절하여 위험적 기능을 하는지 밝혀본다. 5장에서는 보호요인이 인생사건이 비행시작에 미치는 부정적 영향을 완충하는지 그리고 위험요인이 인생사건이 비행시작에 미치는 부정적 영향을 촉진하는지를 살펴본다. 마지막으로 인생사건이 비행시작에 미치는 부정적 영향을 보호요인이 완화하며 또한 위험요인은 인생사건이 비행시작에 미치는 부정적 영향을 강화하는지에 대한 종합 분석을 시도한다.

제5부는 본 연구의 결과를 요약하고, 연구결과를 토대로 전반적인 결론을 맺는다. 마지막으로 본서의 의의와 한계를 밝히고, 보호요인과 위험요인을 중심으로 청소년 비행 예방과 관련하여 미국 범죄예방국의 청소년비행예방프로그램(OJJDP)을 소개한다.

■■■ **제2부**

발전 – 생애과정범죄학

　　제2부의 1장에서는 발전-생애과정범죄학이론을 서술하고, 발전-생애과정범죄학의 경험적 연구결과를 통해 비행시작연구의 의미를 제시하고자 한다.

　　2장에서는 인생사건의 이론적·경험적 의미를 살펴보고, 부정적 인생사건과 비행시작과의 관계 연구 필요성을 살펴보고자 한다.

　　3장에서는 보호요인과 위험요인에 대한 이론적·경험적 논의를 살펴보고, 조건요인으로서 사회유대이론과 사회학습이론의 재구성과정을 확인하고자 한다.

　　4장에서는 1장과 2장 그리고 3장의 논의를 기반으로 본서의 구체적인 연구 모델과 연구 가설을 제시하고자 한다.

1. 발전 – 생애과정범죄학에 대한 이론적 논의

범죄학은 실증주의의 인식론적 패러다임에 기반을 둔 '정책과학'으로서 발전했으며, 롬브로소(Lombroso)의 생물학적 이론이든, 서덜랜드(Sutherland)의 사회학습이론이든, 허쉬(Hirschi)의 통제이론이든 기존의 범죄학이론들은 모두 범죄의 원인에 관심을 둔다. 이러한 이론들은 범죄의 시작과 지속 그리고 중단을 한 차원으로 놓고, 비행소년과 일반소년의 차이를 밝히고 있다. 이와 같은 접근방식은 비행을 발생시키는 주요 원인이 무엇인가를 찾아냈다는 점에서 큰 의미가 있지만, 이들 변인을 청소년들의 발달단계별로 적용하지는 못한 한계가 있었다.

사람들은 출생 이후 나이가 들면서 신체적이나 심리적 또는 사회생활 등 면에서 많은 변화를 겪는다. 아동기를 거쳐 사춘기를 겪고 청년기에 들 때까지 육체적으로 성장하며, 인지성향의 경우도 어렸을 때는 자기중심적이지만 나이가 듦에 따라 일반적이고 보편적인 측면에서 사물을 인식할 수 있게 된다. 또한 사회생활도 아동기에는 주로 부모와 가정 안에서 이루어지지만 청소년기에는 친구와 학교를 중심으로 대부분의 생활을 하게 되고, 성인기에 들어서는 배우자와 직장동료들을 중심으로 사회생활을 하는 등 변화를 겪는다. 따라서 특정 발달단계에서 행위자에게 중요하게 작용하는 요인은 이전에는 그렇지 않을 수 있으며, 역으로 전 단계에서 중요했던 요인이 그 후의 단계에서는 행위자에게 아무런 영향력을 미치지 못할 수 있다. 뿐만 아니라 특정 행위자가 과거에 어떤 발달과정을 밟아왔는가도 현재나 미래에 그 사람의 행위를 이해하는 데에 중요한 요인이 될 수 있다(이순래 · 박철현, 2000).

이러한 점을 고려한 이론이 발전-생애과정범죄학이다. 발전-생애과정범죄학은 청소년들의 발달단계별로 어떤 상태에 있으며 또한 지금까지 어떤 발달과정을 밟아왔는지뿐만 아니라 비행의 동태적 측면도 분석대상으로 한다.

발전-생애과정범죄학에서는 비행의 다차원적 성격도 고려하고 있다. 동일한 비행이라도 이것이 최초 비행인가 아니면 반복적인 비행인가에 따라 상이한 의미를 지닌다는 것이다. 이들은 비행경력의 시작, 발전 그리고 지속과 중단과정을 이론적으로 좀 더 정밀하게 규명하려는 노력을 하고 있다.

발전-생애과정범죄학[4]은 1980년대에 지배적이었던 범죄경력패러

---

4) 발전-생애과정범죄학은 범죄경력패러다임(Blumstein et al., 1986)을 기반으로 1990년대에 두드러졌던

다임에 위험요인들과 인생사건들에 대한 연구결과를 더하여 더욱 정교하게 다듬은 것이다(Farrington, 2005a). 범죄경력패러다임은 범죄의 시작, 지속, 중단과 같은 범죄 발전 형태의 특성에 관한 지식을 엄청나게 진척시켰다. 그러나 범죄경력패러다임은 범죄 발전 형태들에 영향을 미치는 위험요인들과 인생사건들 또는 위험요인, 인생사건을 설명하는 이론들에 덜 주목하였는데(Piquero et al., 2003), 이러한 점을 보완, 확장한 관점이 발전 – 생애과정범죄학이다. 게다가 발전 – 생애과정범죄학은 범죄에 대한 개인, 가족, 동료, 학교, 이웃, 공동체, 그리고 상황의 영향에 대한 지식을 통합하고 있으며, 기존 이론들의 주요 요소들 또한 통합하였기 때문에 앞선 이론들보다 더 광범위하다.

발전 – 생애과정범죄학은 버나드와 스나이프스(Bernard & Snipes, 1996)[5]의 입장에서 폭넓게 통합의 작용을 하였으며, 많은 발전 – 생애과정범죄 학자들은 기존의 변수들과 기존의 이론들을 재구성하여 논의들을 진행하였다. 예를 들면 모피트(Moffit)는 신경심리학(neuropsychology), 낙인이론(labeling theory), 긴장이론(strain theory)을 통합하였고, 호킨스 등의 사회발달적 발달모형(The Social Development Model)에서는 사회유대이론(social control theory)과 차별적 접촉이론(differential association theory), 사회학

약간 다른 강조점을 가진 세 가지 패러다임들인 위험요인방지패러다임과 발전범죄학 그리고 생애과정범죄학을 통합시킨 이론이다. 위험요인방지패러다임(risk factor prevention paradigm)은 범죄의 주요 위험요인들을 밝히고 이 위험요인들을 차단하는 방지책을 마련하는 데 초점을 맞추고 있다(Farrington, 2000; Hawkins & Catalano, 1992; Loeber & Farrington, 1998). 발전범죄학(development criminology)은 주로 범죄의 발전에 초점을 맞추지만 위험요인에도 역시 관심을 가지고 있다(LeBlanc & Loeber, 1998; Loeber & Le Blanc, 1990). 마지막으로 생애과정범죄학(life – course criminology)은 특히 인생사건들의 영향과 범죄행위에 대한 생애의 전환기에 초점을 맞추고 있으며 또한 발전과 위험요인에도 주목하고 있다(Sampson & Laub, 1993). 위의 패러다임 모두(범죄경력패러다임을 포함하여) 본질적으로 동일한 문제의 서로 연결된 측면에 관심을 가지고 있기 때문에, 패링턴(Farrington)은 네 가지 패러다임 모두를 포함하기 위하여 '발전 – 생애과정범죄학'이라는 이름하에 통합하였다(Farrington, 2005a: 3).

5) 버나드와 스나이프스(Bernard & Snipes)는 범죄학이론들을 폭넓게 통합함으로써 동시에 쉽게 검증될 수 있도록 하는 것을 목표로 한다. 버나드와 스나이프스는 범죄학자들이 이론에서 변수로 초점을 옮겨야 한다고 주장한다. 범죄학자들이 서로 다른 변수들을 다른 이론의 '전유물'처럼 다루는 경우가 많은 것을 비판하면서, 중요한 것은 어떤 변수들이 범죄와 관련되며 어떤 방식으로 관련되는가(Bernard & Snipes, 1996: 324 – 330)라고 지적했다.

습이론(social learning theory)을 통합했고, 숀베리(Thornberry)는 사회유대
이론(social control theory)과 사회학습이론(social learning theory)을 바탕
으로 범죄 발달상의 관점을 이론화하였다.

물론 에이커스(Akers, 2005)의 지적대로 발전 - 생애과정범죄학이
새로운 설명변수를 밝혔다고는 말하기 어렵다. 그러나 다른 연령이나
인생단계에 따라 기존의 이론으로부터 개념과 명제를 도입하는 방식
으로 이론적 틀을 만들었고, 인생단계마다 범죄에 대한 다른 개념이
존재한다는 점에서 기존의 이론적 요인과 다른 설명을 취한다고 할
수 있다.

발전 - 생애과정범죄학(DLC)을 연구한 대표적인 인물로는 이 이론
의 토대를 마련한 글룩 부부(Glueck & Glueck)와 가장 먼저 발달과정
에 대한 이론화를 시도했던 숀베리, 생애과정관점을 활용한 샘슨과
라웁, 그리고 모피트가 있다.

글룩 부부는 비행경력에 대한 생애과정연구를 대중화하여 발전 -
생애과정범죄학의 기초를 마련하였다. 그들은 면담과 기록의 사용을
확장한 일련의 종단연구에서 지속적 범죄를 예측할 수 있는 요인을
파악하기 위해, 범죄자의 경력을 추적했다. 이를 통해 지속적 범죄와
관련된 수많은 개인적 · 사회적 요인을 파악했고, 그중에서 가족관계
가 가장 중요하다는 것을 확인하였다.

발전 - 생애과정범죄학의 기초를 형성했던 사람이 글룩 부부라면
청소년들의 발달과정에 대한 이론화를 시도한 사람은 숀베리이다. 그
는 범죄를 과정의 결과가 아니라 역동적인 사회화과정의 한 부분으로
인식하여, 사회유대이론(Hirschi, 1969)과 사회학습이론(Akers, 1985)을
바탕으로 범죄의 '발달'상의 관점을 이론화하였다. 특히 그의 관점은
사회유대이론과 사회학습이론에서 나온 '부모의 애착', '학교에의 관

여', '전통적인 가치에 대한 신념', '비행친구들과의 교제', '비행적 가치의 채택', '비행행위에의 가담' 6개 요인에 근거하는데, 이러한 요인들은 청소년들의 발달단계에 따라 상대적인 영향력을 지닌다(Thornberry, 1987).

그에 따르면 청소년 초기(11~13세)는 아동의 주된 활동무대가 가정이므로, 부모의 애착이 핵심변인이다. 부모의 애착이 아동의 학교 참여를 높여주며, 비행친구와의 접촉을 억제하고 비행을 통제할 수 있게 한다. 청소년 중기(15~16세)에는 아동의 활동무대가 가정에서 학교로 이동함에 따라 핵심변인도 부모의 애착에서 학교와 비행친구로 이동한다. 청소년 후기(18~20세)에는 청소년 중기에 중요했던 변인의 영향력이 약화되며, 고용, 대학, 군대 같은 관습적 활동에의 관여와 결혼, 자녀 같은 가족에의 관여가 중요해진다(Thornberry, 1987).

샘슨과 라웁도 생애과정(life-course) 관점을 활용하여, 생애과정을 연령 혹은 생애단계에 따라 분리하였으며, 각 단계에 따라 특정 공식적·비공식적 사회통제제도가 변화한다고 주장하였다. 그들은 그중에서 특히 비공식적 사회통제의 변화에 초점을 맞춤으로써 아동기, 청소년기, 성인기의 비공식적 사회통제의 총량 변화로 생애과정(life course) 동안의 범죄행위 변화를 설명한다. 사회통제 수준을 변화시키는 주요 제도로는 아동기와 청소년기에는 가족, 학교, 또래집단 그리고 성인 초기에는 고등교육기관, 직업훈련, 직업, 결혼, 그 이후 성인기에는 직업, 결혼, 양육, 군복무, 지역사회의 투자를 들었다(Sampson & Laub, 1993).

샘슨과 라웁은 이론적 구조에서 인과적인 영향들이 생애과정에서 양방향 또는 상호적으로 작용한다는 숀베리의 상호작용적 관점에 기반을 두어 청소년의 비행이 시간이 흐르면서 사회적 유대와 비공식적 사회의 억제를 약화시키는 역할을 한다고 주장한다(Sampson & Laub, 1993).

모피트는 신경심리학(neuropsychology), 낙인이론(labeling) 그리고 긴장이론(strain theory)을 통합하여 자신의 이론을 구축하였으며, 모집단이질론과 상황의존론6) 양자를 혼합하고 있다. 그는 범죄자를 생애지속범죄자(life-coures persistent offender)와 청소년기한정비행자(adolescence-limited delinquents)로 구분한 후,7) 모집단이질론은 생애지속범죄자에 상황의존론은 청소년기한정비행자에 적용하고 있다. 모피트는 이 두 가지 범죄자 유형은 각각 범죄행위 면에서 뚜렷하게 다른 종단적 궤적을 가진다고 보았다.

생애지속범죄자(life-coures persistent offender)의 개인적 차이는 신경심리학적 기능의 장애와 어렸을 때의 부적절한 성장이다. 이러한 신경심리학적 결손과 같은 초기의 개인적 차이는 후에 비행에 반영될 뿐 아니라, 친사회적 행위목록을 학습할 수 있는 기회의 제한, 낙인과 같은 사회환경적 상호작용에 의해 영속되거나 악화되어 범죄를 지속하게 한다(Moffit, 1993, 1997). 즉 비행청소년들은 과거로부터 현재까지 성장하면서 겪게 되는 개인과 환경과의 상호작용 결과, 성인이 되어서도 범죄를 지속하게 되는 것이다. 이를 바탕으로 그는 비행청소년들의 지속적 범죄행위가능성을 예측하는 주요 요인으로 건강, 성별, 기질(temperament), 인지능력, 학교성적, 성격특성(personality traits), 과잉행동장애 등과 같은 정신장애, 가족성원 간 애착 정도, 아동양육형태, 부모와 형제의 일탈행동, 그리고 가족의 사회경제적인 지위 등을 규정하고 있다(Moffit, 1993, 1997).

한편, 청소년기한정비행자(adolescence-limited delinquents)는 청소

---

6) 모집단이질론은 개인의 기본성향을 범죄지속의 중요한 인과요인으로 고려하는 입장이고, 상황의존론은 기본적으로 비행을 저지른 소년은 이후 상황변화를 경험하고 이로 말미암아 앞으로 비행을 지속할 가능성이 커진다는 견해이다(이순래, 2007).

7) 생애지속범죄자란 개인의 기본성향 면에서 결함이 있으며 어려서부터 범죄를 저지르기 시작하고 나이가 들어서도 범죄로부터 손을 씻지 못하고 만성적으로 범죄를 저지르는 사람들을 일컫는다. 청소년기한정비행자는 기본성향 면에서 일반인들과 차이가 없지만 청소년이란 발전과정상의 특성과 학습이나 모방에 의해 청소년기에 국한하여 범죄를 저지르고 이후에는 그만두는 사람들을 지칭한다.

년기의 특유한 욕구 때문에 출현한다. 비행이나 범죄는 청소년기 특유의 욕구를 충족시켜 주기 때문이다. 여기서 청소년기의 특유한 욕구란 독립성(autonomy) 추구와 성인역할(adult role)에 대한 갈망이다. 특히 현대사회는 영양상태의 개선으로 생물학적 성숙은 과거에 비해 어린 나이에 이루어지지만 전문화된 취업시장의 요구로 성인으로서의 사회적 지위가 부여되는 시기는 점차 지체되고 있다. 이에 따라 현대 청소년들은 생물학적 연령과 사회적 연령의 간극으로 인하여 욕구 좌절을 겪는 데 반하여 생애지속형범죄청소년들은 그렇지 않다. 그렇기 때문에 일반청소년들은 주위의 생애지속형범죄청소년들이 독자성이나 성인 역할을 향유하는 것을 목격하고 이들의 행위를 모방하면서 비행을 시작하게 된다. 그러나 이들은 상황의 변화, 인식의 변화, 낮은 현시적 불이익과 누적되는 불이익 때문에 비행을 단절하게 된다(Moffit, 1993, 1997; 이순래, 2005 재인용).

2. 발전 – 생애과정범죄학 연구의 평가와 종합

이론이 경험적 연구결과를 통하여 검증될 수 없다면, 그 이론은 과학적 가치가 없을 것이다. 경험적 타당성은 이론을 평가하는 가장 중요한 기준 중에 하나이기 때문이다. 따라서 발전 – 생애과정범죄학에 대한 경험적 연구결과를 통해 어느 정도 이 이론을 지지할 수 있는지 살펴보고자 한다.

손베리와 그의 동료들(Thornberry et al., 1991)은 청소년들이 성장하면서 일탈행동에 관한 부모에 대한 애착의 효과는 줄어든다고 보고하였다. 장과 크론(Jang and Krohn, 1995)은 부모의 통제에 대한 효과는 청소년 초기에 절정을 이루고, 중기까지 유의미한 영향을 미치지만 청소년 말기에는 그 영향력이 유의미하지 않다고 보고하였다.

콘져와 시몬스(Conger & Simons, 1997)는 사회 학습 이론적 측면에서 아동기와 초기 청소년기에 주목하였다. 그들은 비행경력의 시작과 지속 그리고 중단에 있어서 가족의 역할에 초점을 두고 있었다. 조기 진입자의 경우 대부분 열악한 가족환경에서 태어나고, 따라서 초기부터 사회적 기술의 부족이나 학교에서의 부적응, 친사회적 친구들에 의한 거부에 직면하게 된다. 반면, 후기 진입자들의 경우 상대적으로 이러한 문제에 있어서 자유롭기 때문에 직장이나 혼인 등 정상적인 생활에 참여하기 위해 필수적인 기술과 자원을 가지고 성장한다. 그렇기 때문에 성인으로 성장했을 때 범죄력으로부터 쉽게 벗어날 수 있다.

뢰버와 그의 동료들(Loeber et al., 1993)은 피치버그 청소년에 대한 종단연구를 활용하여 범죄경력에 이르는 세 가지 경로를 구분해냈다. 그것은 권위갈등 경로(authority conflict pathway), 은밀한 경로(covert pathway), 공공연한 경로(overt pathway)로, 이 세 가지는 꾸준히 비행 경력으로 이어질 수 있다고 보고하였다.

중범죄를 저지르고 계속해서 비행을 저지르는 비행청소년들을 대상으로 실시한 라웁과 발이안트(Laub & Valliant, 2000)의 연구에서도 부모의 부적합한 감독, 비일관적이고 위협적인 훈육방법 그리고 부모-자녀 간의 낮은 애착관계가 청소년 비행을 형성하는 주요 요인임을 확인할 수 있다. 그들은 가족 내 강한 부모역할에 대한 노력의 정도가 청소년 비행 행동에의 관여와 성인기가 되어서도 직장과 결혼과 같은 사회적 유대(social bonds)의 부족함을 줄여줄 수 있다고 주장하였다.

워(Warr, 1998: 183)는 가족과 직장에서의 생애변화는 비행행위에서의 지속과 변화를 설명한다는 샘슨과 라웁의 이론에 동의하였다. 그의 연구에 따르면 샘슨과 라웁이 예견한 바와 같이, 청소년 비행을 예측할 때 강한 영향력으로 밝혀진 것, 즉 사람이 생애과정에 따라 변화한다는 점과 낮은 사회적 유대와 같은 요인이 성인범죄를 예측하는 데는 낮은 영향력을 가지고 있었다.

이상의 경험적 연구결과를 정리해보면 발전-생애과정범죄학은 이론이 제안하는 바와 같이 행위자의 발달단계에 따라 변인들의 차이가 나타난다. 또한 비행시작과 지속 그리고 중단이라는 비행경력에도 다른 발달적 요인이 있다는 것을 확인할 수 있었다.

한편, 우리나라에서도 인간의 변화성과 사회적 환경의 상호작용을 중시하는 발전-생애과정범죄학에 대한 연구가 진행되어 왔다. 1990년대에 주로 이루어졌던 범죄경력패러다임연구(김준호·이순래, 1995; 이병기·노성호, 1994; 이병기·박철현, 1995; 최인섭·박철현, 1995; 박철현, 2001; 박철현, 2003) 이후 한국청소년정책연구원에서 구축한 청소년 패널 자료는 국내 범죄학 연구자들에게 새로운 경험적 시도를 할 수 있는 장을 마련해주었다.

청소년 패널 자료의 축적 이후,[8] 특정 발전범죄학이론가의 이론을 검증하는 연구(이순래, 2005), 횡단연구에서 주요하게 검증되었던 독립변인과 비행 간의 인과관계를 새롭게 검증하는 연구(노성호, 2006;

---

8) 한국에서 청소년패널자료의 축적 이후 발전-생애과정범죄학과 관련된 연구들이 활발하게 진행되었다면 서구에서도 1990년대에 발전-생애과정범죄학(DLC)이 중요해진 주된 이유는 그 10년 동안에 발표된 범죄에 대한 종단 연구의 막대한 양과 중요성 때문이다. 특히 영향을 미친 것은 덴버, 피츠버그, 로체스터의 비행방지센터(OJJDP) 연구들이며(Huizinga et al., 2003; Loeber et al., 2003; Thornberry et al., 2003), 또 다른 중요한 종단연구프로젝트들로 시애틀 사회 발전 프로젝트(Hawkins et al., 2003), 뉴질랜드의 더니든(Dunedin) 연구(Moffitt et al., 2001), 르블랑(Le Blanc, 1996)과 트렘블리와 동료들(Tremblay et al., 2003)에 의해 이루어진 중요한 몬트리올 표본 조사와 샘슨과 라웁(Sampson & Laub, 1993)이 글룩 부부의 연구를 재분석한 연구들이 있다.

정소희, 2007; 박현수, 2008), 그리고 잠재적 속성 관점과 생애과정 관점의 상대적 우의성을 검증하는 연구(이순래, 2007; 노성호, 2007), 비행경력에 있어서 남녀 차이를 검증한 연구(최수형, 2007) 등 다양한 연구들이 진행되었다.

이러한 국내연구들의 대부분은 비행지속에 관한 연구였는데, 비행이 왜 지속되는가를 좀 더 정밀하게 규명했다는 점에서는 중요한 시도들이 많았다. 즉 행위자의 성장단계별 상태나 발전과정을 중심으로 시간의 흐름에 따른 범죄행위의 변화를 설명했다는 점에서는 기존의 정태적 연구들이 내포하였던 한계나 오류를 극복하고 범죄현상을 보다 정확하고 체계적으로 설명하고 있다. 그러나 비행시작과 관련된 연구는 양적으로 거의 없다.

청소년 비행을 연구하는 궁극적인 이유는 청소년 비행을 감소시키기 위한 것으로 이를 위해서는 현재 비행청소년이거나 경험이 있는 아이들을 비행으로부터 벗어나게 하거나, 정상적인 청소년들이 비행으로 진입하는 것을 막는 방법이 필요하다. 그러나 최근 청소년 비행의 특징을 살펴보면 재범률이 증가하고 있음을 알 수 있다. 청소년 비행에서 재범이 차지하는 비율을 살펴보면, 1990년에 전체 청소년 범죄의 22.4%였던 것이, 1991년에는 전체 청소년 범죄의 23.2%, 1992년에 전체 청소년 범죄의 24.3%로 해마다 증가해온 것이다. 특히 2005년과 2006년에는 각각 전체 청소년 범죄의 37.7%, 36.1%를 차지한 것으로 나타나 그 수가 현저히 증가하였음을 알 수 있다. 특히 재범 청소년들 중에서 1범, 2범은 1990년대 초반과 비교해볼 때 완만한 추세를 보이고 있지만, 3범 이상의 재범 청소년들의 경우, 급격한 증가 추세를 보이고 있다. 4범 이상의 재범 청소년들의 경우 1990년에 전체 청소년 범죄의 2.3%, 1991년에 2.5%를 보였는데, 매년 급격히 증가하여 2004년 들어서는 그 비율이 12.3%, 2005년 13.2%, 2006년 13.3%로 급증하였다(범죄백서, 2007).

이 같은 통계는 청소년 범죄의 상당 부분이 이미 비행경험이 있는 청소년에 의해 저질러진다는 것을 의미한다. 이는 비행에 진입한 청소년들은 반복적으로 비행을 저지르기 쉽다는 것으로, 일단 청소년이 비행에 진입한다면 이후 벗어나기 어렵다는 것을 반증하는 것이라고 할 수 있다. 실제로 대부분 전문가들이 비행청소년들에게 사후 개입 전략을 적용하여 비행으로부터 벗어나게 하는 것의 어려움을 토로하고 있다(유성경 외, 1999). 따라서 가장 효과적이고 경제적인 개입전략은 청소년들의 부적응문제가 발생하지 않고 정상적인 발달을 이루어갈 수 있도록 조기 예방 차원의 개입을 하는 것이다. 이런 이유로 청소년 비행의 감소라는 청소년비행연구의 궁극적 목표와 관련하여 본다면, 비행시작에 대한 구체적인 관심과 경험적 연구가 필요하다.

1. 인생사건에 대한 이론적 논의

인생사건과 비행의 관계를 밝히기 전에 생애과정이론(life course theory)[9]에 대한 연구와 이론의 주요한 견해를 먼저 살펴보고자 한다. 이를 위해 생애과정이론의 등장배경과 특성 그리고 생애과정이론에서 사용되는 개념들을 구분하고 정의할 필요가 있다.

생애과정이론은 1960년대에 등장한 관점이다. 사회사와 개인사와의 관계를 인식하게 되면서 이러한 관점이 등장하게 되었다. 엘더(Elder)에 의하면 사회학에서 생애과정이론의 뿌리는 생애사 및 개인

---

9) 생애과정이론(life course theory)은 연령분화, 사회이동 및 직업이동과 지위획득, 가족 인구학, 생애주기소비 및 저축, 일대기연구, 인간발달, 그리고 발달심리학과 같은 이론적·경험적 연구들로부터 진전되었으며(Mayer & Schoepflin, 1989), 이용가능한 종단적 연구들의 출현에 의해 등장하게 되었다(Elder, 1991).

의 경력연구에서 찾을 수 있다. 특히 1920년대와 1930년대 시카고학파의 연구에서 뿌리를 찾을 수 있다. 이 시기는 미국에서 이동과 사회경제적 발전으로 인해 도시가 급속히 팽창하던 시기이다. 그러므로 연령분화, 사회이동 및 직업이동 등과 관련된 경험적 연구들이 진전되었고, 또한 이용가능한 종단적 연구들이 많이 나왔다.[10] 이러한 경험적 연구들과 종단적 자료들, 그리고 인간의 평균수명의 연장은 생(生)에 관한 연구를 진전시키는 배경이 되었다.

생에 관한 연구에서 대표적인 시카고학파의 학자는 토마스(W. I. Thomas)이다. 그는 "다양한 경험을 가지고 있는 여러 유형의 인간들을 연구해야 하고, 다양한 상황에서 그리고 생의 다양한 과거시기에 대해 연구해야 하며, 여러 집단의 개인들을 추적해서 이들의 경험을 계속 기록할 것"을 주장하였다(안병철, 1994). 그는 생애사에 대한 종단적 연구를 최우선적인 과제로 생각했다. 그 밖에 허거스타트와 뉴거턴(Hagestad and Neugarten)은 연령 등급에 관한 민족지적 연구와 생애기간이 경과하는 데 대한 사회적 의미를 부여하였다.

생애과정이론은 개인의 생애시간, 사회적(가족) 시간 그리고 역사적 시간이라는 세 개의 시간 축을 연결시킨다. 개인의 생애축은 연령 및 연령 층화와 관계되고, 특정 연령과 관련하여 그 의미, 행동의 예상 및 취약성과 관계가 있다. 사회적 시간의 한 측면으로서 가족사건의 순서(family event sequence)는 연령 표식과 연결되어 있다. 이러한 연령 표식은 결혼, 부모 됨, 자녀 출산 등과 관련하여 개인이 '적령(on time)'인지 '비적령(off time)'인지 알려준다(Aldous, 1990).

이론적 지향으로서 생애과정이론은 연구를 인도하는 틀이라고 할

---

10) 이용가능한 종단 연구들로는 1904년에서 1920년 사이에 선천적 재능을 가지고 태어난 캘리포니아 인들을 대상으로 한 터만의 연구, 1920년에서 1921년 사이에 출생한 아동들을 대상으로 한 오클랜드 성장연구 등이 있다.

수 있는 문제 확인 및 형성, 변수 선택 및 근거, 연구 설계 및 분석 전략 등을 제공함으로써 공통의 연구영역을 확립하였다(Elder, 1991).

이러한 생애과정이론의 특성은 다음과 같이 요약될 수 있다(안병철, 1994). 1) 생애과정관점은 개인의 생을 역사적 · 사회문화적 맥락에서 설명하려는 관점이다. 2) 생애과정관점은 상호 의존적인 생에 대한 관점을 제공한다. 3) 생애과정관점은 시간성과 맥락을 중시한다. 4) 생애과정관점은 사회적 인간이 변화를 겪는 전환점을 강조한다. 5) 생애과정관점은 세대보다는 연령(age), 코호트(cohort) 개념을 선호한다. 6) 생애과정관점은 코호트 간의 비교뿐만 아니라 코호트 내의 비교도 한다. 7) 생애과정관점은 사회변동과 이러한 사회변동이 개인의 행동과 가족유형에 미치는 영향을 강조한다.

지금까지 생애과정이론의 등장배경과 특성을 살펴보았다. 다음으로 생애과정이론에서 사용되는 생애과정(life course), 궤적(trajectory), 궤적들(trajectories), 전이(transition), 생애과정 역동성(life course dynamics), 전환점(turning point), 인생사건(life - event) 등의 개념들을 구분하고 정의해본다.

생애과정(life course)은 연령에 따라 구분되는 생의 패턴을 의미한다. 이러한 생의 패턴은 사회제도와 관련되어 있고, 역사적 변동에 의해 영향을 받을 수 있다(Elder, 1985: 17). 생애과정(life course)은 서로 맞물려 있는 궤적(trajectory)으로 구성된다. 궤적(trajectory)이란 발전과정, 즉 가족생활, 교육경험, 직업생활, 범죄경험 등과 같이 중요한 사회적 사건에서 나타나는 장기적인 발전 형태를 뜻한다. 따라서 사람들은 하나의 궤적보다는 다수의 '궤적들(trajectories)'에 따라 살아가게 되며, 궤적(trajectory)은 곧 장기적인 패턴(long - term patterns)과 행동의 연속이라 할 수 있다. 전이(transition)는 짧은 기간의 변동으로, 처음 취직을 하는 것 또는 처음으로 결혼하는 것과 같은 특별한 인생사건이 여기에 해당한다. 이러한 변화는 갑작스럽게 생기는 것이다(Elder, 1985: 31 - 32). 따라서 전이는 연령에 따라 단계적으로 나타나기도 하고 연령과 관계없이 나타나기도 한다.

생애과정 역동성(life course dynamics)은 궤적(trajectory)과 전이(transition)에 의해 규정된다. 즉 궤적(trajectory)과 전이(transition)가 서로 얽혀서 생애과정을 변화시키거나 전환점(turning point) 역할을 하는데, 이때 인생사건(life - event)의 역할은 결정적이다(Elder, 1985: 35).[11] 왜냐하면 인생사건은 다른 궤적을 이끌 수도 있으며, 장기적 관점에서 보면, 아동기의 인생사건이 성인이 되었을 때 경험과 강하게 연결되어 있기 때문이다. 이러한 궤적을 수정할 수 있는 인생사건으로는 학교, 직업, 군대, 결혼, 부모 되기가 있다(Elder, 1986; Rutter et al., 1990; Sampson & Laub, 1990).

마지막으로 인생사건과 비행의 관계를 살펴보자. 생애과정연구와 관련된 많은 주제[12] 중에서 '시간에 따른 행동과 개인적 특성의 안정성(stability)과 변화(change)의 정도'가 아마도 가장 복잡할 것이다. 행동에서 안정성과 변화는 사회과학에서 또한 가장 논쟁적인 이슈이다(Brim & Kagan, 1980; Dannefer, 1984; Baltes & Nesselroade, 1984). 범죄와 관련된 행동의 안정성과 변화에 관한 기존의 연구들은 생애과정

---

11) 인생사건에 관한 연구는 지위 변화(status change)와 역할 전이(role transitions)에 관한 사회학적 연구에서부터 스트레스(stress) 연구까지 다양하다(McLanahan & SØrensen, 1985: 217). 일상의 여러 가지 경험 중 어떠한 상태에서의 생활이 이와는 다른 형태의 생활로 바뀌는 과정, 즉 이행하는 과정에 영향을 미치는 전환의 계기가 인생사건이다. 이러한 인생사건은 여러 가지 유형으로 나누어볼 수가 있다. 첫째는 전쟁과 같은 불가항력적인 외부충격이며, 둘째는 생활구조의 삐걱거림, 즉 구조적 스트레스가 일정 수준을 넘어서게 하는 경험이다. 마지막으로 학교 졸업 등의 제도적인 사건 등으로 다양하게 구분할 수 있다(박재환 외, 2001: 315 - 320; 김아령, 2007 재인용).

12) 아동기 행동과 이후 성인기 결과 간의 연결성과 변화의 궤적에 관한 연구와 더불어 생애과정틀(life - course framework)은 적어도 세 개의 다른 주제를 포함한다. 첫 번째 주제는 생애과정에 걸친 연령의 사회적 의미이고 두 번째 주제는 사회적 패턴의 세대 간 전이 그리고 마지막 주제는 거시적 사건(예를 들어, 대공황, 세계 2차 대전) 영향과 개인의 역사에서 구조적 위치이다(Elder, 1974, 1985).

에 따라 일탈 행동이 연속성(continuity)을 지니는지와 변화(change)를 하는지에 대한 대립으로 나타난다.

일탈행동의 연속성을 주장하는 입장에서는 어떤 제한 된 수의(또는 하나의) 중요한 생물학적, 심리학적 특성은 일생을 통해 어느 정도 일정하게 유지되고, 범죄는 이러한 특성에 의해서 적절하게 설명될 수 있다고 제안한다. 그렇기 때문에 일반적인 인생사건(예를 들어 직업, 결혼하기, 부모가 되기)은 범죄행위에 거의 영향을 미치지 못한다(Gottfredson & Hirschi, 1990: 238). 왜냐하면 인생사건의 발생 여부와 상관없이 범죄율은 언제나 시간에 따라 감소하기 때문이다. 즉 그들은 인생사건에 관계없이 개인 특성의 안정성이 생애과정 안에서 중요하다고 본다(Gottfredson & Hirschi, 1990: 237).

반면 일탈행동의 변화(change)를 주장하는 입장에서는 인간의 발달과정은 사회적 요인들의 영향에 의해 차별적으로 진행될 수 있으며, 인간발달과정의 사회적 환경 요인에 의해 범죄자의 경우도 비(非) 범죄적 삶으로의 전환이 가능하다는 것이다. 따라서 그들은 인간의 발달과정에서 사회적 요인의 변화양상을 규명하고, 이를 통하여 범죄의 발전양상을 연구하는 것이 필요하다고 강조한다. 만약 어떤 범죄자의 인생을 비 범죄적 삶으로 이끄는 전환점(turning point)이 있다면, 이러한 특성을 탐구하는 것이 범죄를 설명하는 데 있어 매우 필수적인 과정이라는 것이다(박철현, 2006: 25 - 26).

인간은 끊임없이 자신들이 속한 세계와 함께 소통하면서 끊임없이 변화하는 존재이다. 이처럼 인간의 변화성과 사회적 환경을 강조하면서, 일탈행동의 변화(change)가능성을 지지하는 발전 - 생애과정범죄학은 특히 인생사건에 관심을 가지고 있다. 인생사건에 대한 발전 - 생애과정범죄학자들의 관심은 기존의 연구들과 그들의 연구를 차별화시키고 있으며, 범죄학의 영역을 확장하는 데 기여하고 있다. 그러나 발전-생애과정범죄학자들 간에도 인생사건에 대한 다양한 인식들이 존재한다. 패링턴(Farrington), 샘슨(Sampson), 위스트롬(Wikström)은 인생사건에 대해 명백히 논의하였고, 하긴(Hawkins)과 르블랑(Le Blanc), 손베리(Thornberry)는 그들의 모델구성안에서 중요한 요소로서 논의하였으며, 모피트(Moffitt)는 인생사건에 대해 거의 언급하고 있지 않다(Farrington, 2005b: 255). 하지만 중요한 것은 그들 모두가 일탈행동의 변화(change)가능성 안에서 인생사건을 주목하고 있다는 사실이다.

2. 인생사건과 비행에 관한 연구의 평가와 종합

1) 인생사건과 비행에 관한 경험적 증거와 비판

발전-생애과정범죄학은 다양한 수준에서 차이는 있으나, 모두 역동적으로 생애과정 속에서 범죄행동을 형성하는지에 관심이 있다. 이 이론의 많은 경우가 시간이 흐르면서 인생사건들 혹은 주위환경들이 물리적으로 범죄행동을 변화시킬 수 있다는 점을 인지한다. 발전-생애과정범죄학은 인생의 전환점이나 인생사건들이 범죄의 경로를 전환시키는지에 대해 각별한 관심을 기울이고 있다(Plquero & Mazerolle, 2001: 87).

이러한 전환점으로써 인생사건을 증명한 학자가 샘슨과 라웁이다. 그들은 인생을 변화시키는 중요한 네 가지 사건(결혼, 군 입대, 구직, 자신의 환경과 이웃의 변화)을 검증하였다(Siegel & Welsh, 2007). 예를 들어 범죄의 위기에 처한 청소년도 좋은 직장을 찾거나 성공적인 경력을 얻을 수 있다면 보통의 평범한 삶을 살 수 있다는 것이다. 또한 심각한 전과를 가졌던 청소년들이 자신의 과거를 알고도 그들의 삶을 지지하고 격려하는 배우자를 만나게 된다면 범죄를 중단할 수 있다. 행복한 결혼은 삶을 유지시키고, 결혼의 질은 인생을 향상시키기 때문이다. 마찬가지로 군에 입대하는 것이나 주소지를 변경하는 것 또한 비행과 관련된 강한 연줄을 잘라냄으로써 범죄를 중단할 수 있는 기회가 된다.

최근 범죄학 연구에서 연령과 범죄 행동 사이의 관계 연구는 활기를 띠고 있지만, 범죄행위에서 변화 문제를 다루는 것은 주목받지 못하고 있었다. 그러나 샘슨과 라웁은 비행 행위의 안정성이 사건에 의해 영향을 받을 수 있으며, 만성적인 범죄 경력을 가지게 된 후에도 변화할 수 있음을 발견했다. 즉 '인생사건'은 오래 지속되어 온 행동패턴을 극적으로 바꿀 수 있고, 사회적 유대의 축적과 함께 범죄도 중지시킬 수 있다는 것을 경험적으로 확인한 것이다(Sampson & Laub, 2003).

이후 많은 학자들은 샘슨과 라웁의 연구결과와 부합하는 경험적 증거들을 제시하였다. 피케로와 그의 동료들은 결혼과 취업이 '갓 성인이 되어(emerging adulthood: 18~25세)' 가석방된 사람들의 공식적 재범비율을 낮추는 것을 확인하였다. 우겐도 취업이 재범률을 낮춘다는 것을 확인하였다(에이커스, 2005). 런던코호트(London cohort)에 대한 일련의 연구들에서도 범죄경력을 중단시키는 전환점으로 혼인과 안정된 직업, 시골이나 도시 교외 지역으로의 이동 등을 지적하였다(West, 1982; Osborn, 1980; West & Farrington, 1977). 또한 군에 입대하거나, 해외에 나가는 것, 직업적인 지위가 높아짐에 따라서도 범죄를 중단한다고 보고하였다(Siegel & Welsh, 2008).

한편, 조르다노와 그의 동료들(Giordano et al., 2002)은 범죄중단을 인지변화과정과 연계시켰다. 그들은 환경 안에 '변화를 위한 고리'가 있다고 믿었는데, 남자의 경우 교도소에 가는 것, 여자의 경우에는 종교적 경험, 아이를 갖는 것 등이 범죄중단에 중요한 사건이라는 것을 확인하였다. 휴즈(Hughes, 1998)는 '도심 지역에 사는 범죄를 중단한 젊은이(18~25세)의 인생 전환점에 관한 연구'에서 아동에 대한 배려와 존중, 약물남용 및 거리생활 등으로 인한 신체적 손상과 구속에 대한 두려움, 숙고의 기간(contemplation time), 사회적 지지 및 긍정적인 역할모델 등이 범죄를 중단하게 하는 설명력 있는 요인이라고 제시했다. 또 다른 학자들은 공범의 죽음이나 자신의 부상으로 인한 충격과 같은 사건은 교도소에 가지 않기 위해 범죄를 그만두게 된다고 하였다(Giordano et al., 2002).

특히 엘더(Elder, 1998)는 과거 삶의 부정적인 경험을 한 상황에서 성공적인 삶을 만들어나가는 사람들은 전환점을 가지며, 그 기회를 선택하고 활용하는 능력이 있다고 보았다. 그는 개인은 자신이 지니고 있는 자원의 질과 양에 따라, 외부환경과의 상호작용 종류에 따라 또는 예기치 않은 곳에서 인생의 전환점을 만나게 됨에 따라 개인적 차원의 인생궤적(trajectory)을 만들어나가고 있다고 하였다. 따라서 초기의 삶의 전이(life transition)는 이후의 전이(transitions)에 계속 영향을 미치며, 누적되는 이익과 불이익을 가져오는 행동의 결과가 되지만, 그 변화는 사람들이 선택하는 것으로 보았다(Elder, 1998).

패링턴도 지속적인 반사회적 범죄자를 추적한 중요한 종단연구들 중 하나인 캠브리지 연구 속에서 범죄행위의 장기간 연속성을 예측하는 인자들을 분리해내려는 진지한 시도들을 하였다. 그는 인생경험이 행동선택의 방향과 흐름을 만들어낸다고 제안한다. 그는 비행을 유발시키는 위험요인과 범죄를 중단할 수 있게 하는 인생사건에 대해 요약하였다. 즉 상대적으로 좋은 직업, 결혼, 이동 등은 범죄활동을 줄이는 데 도움이 되며, 역으로 잘못된 부모의 감독과 훈육, 부모의 갈등 및 분리, 사회경제적 상태 등을 위험요소로 보았다(Farrington, 2005b).

인생사건과 관련된 경험적 연구를 살펴본 결과, 범죄를 중단시키는 인생사건에 대해서는 잘 알려져 있으나, 범죄발생의 시작 이후 지속에 영향을 미치는 '인생사건'에 대해서는 알려진 바가 적었다(Farrington, 2005a: 7). 또한 인생사건을 20세 이후 사건으로 정의함으로써 역동적인 시기인 청소년기에 경험하게 되는 다양한 사건에 대한 연구가 부족했다.

그러나 시몬스(Simons et al., 1998)와 그의 동료들은 소년시절의 파괴적 행위가 비행과 범죄로 발전하는 과정을 확인하고, 반사회적 행동을 하던 아이들이 인습적인 생활 형태로 변화하게 하는 요인들을 발견하는 데 관심을 가져야 한다고 제기한 바 있다. 벤슨(Benson, 2002)도 범죄경력에 다른 궤적(단기, 장기, 높은 비율, 낮은 비율)이 있고, 인생의 각 단계(유년기, 청소년기, 성인기)마다 반사회적 행동이나 범죄행위를 유발하거나 금지하는 요인들이 존재한다는 연구를 진행하였으며, 그 이전에 손베리(Thornberry, 1987)는 비행 모델이 청소년기 안에서 얼마나 다를 수 있는가에 관한 가설을 만든 바 있다.

이처럼 청소년 시절에 보다 친사회적 생활 형태를 취하게 하는 요인, 그리고 청소년기에 범죄행위를 유발하는 요인들을 찾아내고, 이러한 요인들을 변화하게 할 수 있는 '인생사건'을 찾는 일이 중요하다.

2) 부정적 인생사건과 비행시작

현재까지 인생사건과 관련된 경험적 연구들은 20세 이후의 인생사건, 청소년기를 거쳐 성인기에 이르는 범죄경력에만 관심을 두거나 비행이나 범죄를 중단하게 하는 긍정적 의미의 인생사건에 초점을 맞추어 연구가 진행되었다.

물론 반사회적 삶에서 벗어나 친사회적 삶을 시작하게 하는 긍정적인 인생사건을 연구하는 것도 매우 의미 있는 일이다. 그러나 비행시작에 영향을 미치는 부정적인 인생사건을 연구하는 것도 중요한 연구영역이다. 청소년들이 비행을 시작하게 되면 일탈자로 낙인찍히게 될 가능성이 높고, 그 이후로 사회통제기관이나 사회로부터 지속적인 감시의 대상이 되는 것은 물론, 합법적 기회로부터 점점 제외되고, 격리되는 등 계속적인 차별 대우를 받게 되기 때문이다. 뿐만 아니라 낙인찍히거나 낙인찍혀 있다고 생각하는 아이들은 부모와의 관계가 더 소원해지는 등 사회유대가 약화될 수 있다. 그러한 아이들은 학업실패나 학교에 잘 적응하지 못하게 되고, 차후 정상적인 취업이 어려워 인습사회에 편입하기 힘들어진다(이성식, 2007). 더 나아가 낙인으로 인습사회에 편입하지 못한 아이들은 자신과 동일한 처지의 비행친구들과 만나면서 서로 위안과 지지가 되면서 비행경력을 발전시킨다(Kaplan & Johnson, 1991; Adams, 1996; Bernburg et al., 2006; 이성식, 2007 재인용). 이처럼 청소년들이 일단 비행을 시작한다는 것 자체가 그들의 삶의 중요한 변화이며 이후 삶에도 커다란 영향을 미칠 수 있기 때문에, 비행시작에 영향을 미치는 인생사건연구가 필요하다.

한편, 급격한 변화로 인한 갈등과 불안정을 경험하는 시기인 청소년기는 긍정적인 인생사건보다 부정적인 인생사건에 더 민감하게 반응할 가능성이 높다. 모든 인간에게 '사건이나 경험'은 일시적인 당황함을 겪게 하는 데서 나아가 그들의 삶을 변화시키기도 한다. 이러한 점은 특히 청소년기가 인간의 전 생애 중 변화가 많은 시기이며, 삶의 방향을 찾아나서는 항해기 혹은 질풍노도의 시기, 주변인 등으로 표현되는 '혼란'을 동반하는 특성과 맞물려 이 시기에 경험하는 부정적인 '인생사건'이 성인기보다 더 큰 변화를 가져올 수 있음을 시사한다. 이와 관련하여 학대, 부모의 이혼경험 등과 같은 부정적 사건이 정상적인 인간관계를 파괴하고, 사회화 과정을 방해하는 것은 물론, 사회적 연대와 개인의 자유를 침해하여 반사회적 행위들을 양산시킨다(Catalano, Park, Harachi, Haggerty, Robert & Hawkin, 2005; Siegel& Welsh, 2008; 김준호 · 김순형, 1995; 김남숙, 1994; 주소희, 1991; 주소희, 2007)는 연구들이 있지만, 이 역시 전환점이라는 시각으로 부정적 사건을 인식하지 못하였고, 그 중요성이나 구체적 관심도 부족했다. 또한 이러한 연구들은 청소년 비행을 단일한 차원에서만 사고하고 있어, 비행시작과 비행지속의 차별적 의미를 간과하고 있다.

콜즈(Coles, 1995)는 범죄 경험이 있는 청소년인 경우 성인으로 이행하는 과정에서 좌절이나 실패를 경험할 가능성이 크다고 지적하였다.

청소년기의 이행은…… 짓궂은 뱀사다리게임13)과 유사하다. 중요한 이행 국면들은 청소년들이 어른으로 성장해가는 사다리 구실을 한다…… 범죄조직에 가담한 경험이 있는 청소년들은 이러한 이행게임에서 사다리를 타기보다는 뱀을 타고 미끄러져 내려갈 확률이 크다. 이들은 성인이 되어 독립심과 자율성을 갖기 위한 수차례의 시도에서 실패할 확률이 높다(Coles, 1995: 24 - 25).

이러한 관점은 우리에게도 그대로 적용된다. 좋은 직장에 취업하는

---

13) 일종의 보드게임으로, 주사위를 굴려서 나쁜 일 칸에 서면 뱀을 타고 후퇴하게 되고 좋은 일 칸에 서면 사다리를 타고 전진하여 목적지에 먼저 도착하면 이기는 게임이다.

것과 교육훈련과정에서의 경쟁이 치열한 한국 사회의 경우,[14] 비행으로 인해 청소년들이 교육훈련과정에서 이탈하거나, 그들의 비행행위 그 자체가 이후 성인으로 이행하는 과정에서 많은 기회를 박탈할 가능성을 가지는 것은 물론 이후 노동시장에 나아가는 데 좌절을 경험하게 할 수 있다.

'생애과정이론에 근거한 인생사건' 개념으로 진행된 연구에는 박정선(2004), 정혜원·박정선(2008) 연구 정도이다. 박정선(2004) 연구는 국내 처음으로 생애과정관점을 소개하고 비행청소년들이 경험하는 인생사건을 검증했다는 점에서 의미가 있다. 그러나 이 연구는 종단자료를 이용하지 않고, 회고식 방법으로 수집한 자료를 사용했다는 아쉬움이 있다. 정혜원·박정선(2008)은 종단자료를 이용하여 인생사건이 비행시작 및 재비행에 미치는 영향과 그 과정에서 작용하는 다양한 매개요인의 역할을 검증하였다.

그 외에도 인생사건을 스트레스 개념으로 보고 비행과의 관계를 살펴본 연구(이은주, 1998)나 개별사건을 비행의 원인으로 살펴본 연구들은 존재한다(김남숙, 1994; 주소희, 1991; 정진영, 1992; 황옥자, 1987). 이러한 연구들은 청소년기의 중요한 사건 중 부모의 이혼[15]과 관련된 연구만을 집중적으로 수행하거나(Rosen, 1970; Van Vooris, 1988; Cernkovich & Giordando, 1987; 오은순, 1997; 주소희, 2007), 구조적 결손[16]이라는 개념 아래 연구된 것들이 대부분이다(Nye, 1958;

---

14) 입직연령이 한국은 25.0세(26.3세)인 데 비해 미국 22.0세, 프랑스 23.2세, OECD 평균은 22.9세로 다른 나라들에 비해 2년 정도 노동시장 진입이 지연되고 있다. 또한 대학 진학률이 80% 이상인 우리 상황을 고려한다면 대졸자를 기준으로 3년이 더 지연되고 있는 상황이다(통계청, 2006). 노동시장 진입 지연은 교육훈련이나 취직에 대한 경쟁을 더욱 치열하게 할 수 있다.

15) 특히 이혼을 중심으로 살펴본 기존 연구들의 문제점을 살펴보면 첫 번째, 임상사례를 중심으로 연구가 이루어져서 이혼의 문제만을 부각하는 경우가 많았다. 두 번째, 부모의 이혼에 대한 아동이나 청소년들의 적응에 있어서 부모의 보고보다는 아동이나 청소년들의 보고가 더 적절함에도 불구하고 아동이나 청소년들의 보고를 중심으로 하는 연구가 부족했다(주소희, 2007).

16) 구조적 결손(broken home)은 이혼, 별거, 사망 등으로 인한 한부모가정을 의미한다.

Rosen, 1970; Wilson & Herrnstein, 1985; 김준호 · 김순형, 1995 재인용; 김준호 1990; 김준호 외, 2002). 그렇기 때문에 청소년들의 발달과정에서 경험할 수 있는 다양한 사건들에 대한 관심이 부족하였으며, 발달과정에서 전환점으로써의 '인생사건(life - event)'으로 바라보지 못했다. 그러나 인생사건과 비행의 관계에 대한 연구의 부족은 청소년비행을 정밀하게 이해하는 데 계속적인 한계로 작용할 것이므로 이를 극복하기 위한 노력이 필요하다.

국내 인생사건연구의 부족은 종단적 자료(longitudinal data) 축적과 관련이 있다. 인생사건을 연구하는 데는 종단적인 자료가 필요한데, 서구의 경우, 장기간에 걸쳐 종단적 자료를 구축하였지만, 우리나라의 경우 시간과 비용의 문제로 자료 구축이 쉽지 않았다. 하지만 최근 청소년을 대상으로 한 패널자료가 구축됨으로써 인생사건을 연구할 수 있는 환경이 마련되고 있다.

한편, 청소년들에게 영향을 미치는 부정적 인생사건은 청소년들의 주변 환경과 밀접한 연관을 맺고 있다. 청소년들에게 가장 중요한 주변 환경으로는 가정, 학교가 있다. 이 두 영역은 청소년들의 거의 모든 행동과 가치를 결정하는 부분이라고 할 수 있다.

가정은 청소년들에게 큰 영향을 미치는 가장 중요한 사회제도이다. 인간은 사회의 구성원으로 출생해서 부모와의 직접적이고 상징적인 사회화가 이루어지는 가정환경 내에서 대부분 시간을 보내게 된다. 어린이들은 가족을 통해서 그들의 가치와 행동규범을 습득하게 되고, 이러한 가치와 행동규범은 그 이후의 사회화과정에도 중요한 영향을 미치게 된다(노성호, 1992). 특히 비행과 관련된 연구에서 가족관계는 행동의 가장 중요한 결정요인으로 간주되어 왔다. 이 요인은 비행연구에서 가장 반복적으로 검증되는 요인의 하나다(Siegel, 2007).

학교 역시 가정과 더불어 청소년들의 가치관을 형성하고 사회생활에 필수불가결한 규범을 내면화하도록 사회화 기능을 수행하는 주요 기관이다. 오늘날 청소년들은 학교교육 과정을 통해 그들의 정체성(identity)을 찾고 있으며, 사회에서의 성공은 학교교육을 통해 습득한 기술의 지속에 의해 결정되기 때문에 대부분 청소년들은 학교를 다녀야만 한다.

이처럼 가정과 학교는 청소년들의 삶에 강력한 영향을 미치는 영역이다. 그렇기 때문에 청소년들의 비행시작에 미치는 부정적 인생사건은 가정영역과 학교영역에서 찾아야 한다.

1. 보호요인과 위험요인

1) 보호요인과 위험요인: 발전 – 생애과정범죄학

발전 – 생애과정범죄학에서는 청소년들이 경험하는 사회적 환경을 단일 차원에서 이해하는 것이 아니라 이분화하여 이해한다. 청소년들이 경험하는 사회적 환경은 비행을 유발시킬 수 있는 환경과 비행을 억제시킬 수 있는 환경으로 구분할 수 있다는 것이다. 즉 개인이 평균적인 다른 사람들에 비해 발달상 문제를 일으킬 만한 소지가 높아지도록 하는 변인과 이를 억제하는 변인인 위험요인과 보호요인으로 구성되어 있다는 것이다.

그들은 범죄를 정확히 연구하기 위해서는 위험요인(risk factor)과 보호요인(protective factor)을 동시에 고려해야 한다고 한다(Farrington, 2000: 8 - 9). 즉 범죄를 저지르도록 유인하는 여러 가지 위험요인들에는 무엇이 있으며, 범죄를 저지르지 않도록 보호하는 요인들은 어떻게 작동하는지를 동시에 고려할 때 범죄를 보다 정확하게 알 수 있다는 것이다.

그러나 보호요인은 단지 위험요인의 반대일 뿐이라고 보는 학자들은, 보호요인이 약화되면 위험요인이 증가하고 위험요인이 증가하면 보호요인이 약화한다는 단차원적 관점을 가지고, 보호요인과 위험요인은 다른 차원이 아니라고 주장한다. 하지만 발전 - 생애과정범죄학에서는 청소년들이 취약한 조건하에서도 비행을 하지 않는 것을 볼 수 있다. 이는 청소년들의 긍정적인 발달과 행동을 적극적으로 증진시키는 요인이 있기 때문에 취약한 조건이라는 위험요인이 존재하더라도 비행을 시작하지 않는 것이다. 예컨대 경제적으로 여유가 있는 사람들이 재산범죄를 덜 한다고 해서 경제적 여유를 보호요인으로, 반대로 경제적 어려움을 위험요인이라 할 수 없다는 것이다. 오히려 경제적으로 여유 있는 사람들, 특히 일부 상류층 청소년들의 범죄행위는 지나친 경제적 여유가 위험요인으로 작용할 수도 있기 때문에 위험요인과 보호요인을 하나의 차원으로 이해하는 것은 문제가 있다. 이처럼 보호요인은 단순히 위험요인의 정반대를 의미하는 것이 아니다(Farrington, 2000: 8 - 9).

위험요인과 보호요인에 관련된 경험적 연구는 종단연구인 덴버 연구(The Denver Youth Survey)[17)에서 살펴볼 수 있다. 덴버는 그의 연

---

17) 콜로라도 대학교의 데이빗 후이징가(David Huizinga) 교수를 연구책임자로 하는 본 연구는 1986년 콜라라도 덴버의 범죄취약지역 가구들을 무작위 표집하여 1,527명(806명의 소년, 721명의 소녀)의 응답자들을 대상으로 1999년까지 계속된 종단연구이다.

구에서 어떤 위험요인과 보호요인들이 청소년들의 정상적인 발달에
영향을 주는지 살펴보았다. 그 결과 위험요인이 보호요인보다 강할
때 성공적인 청소년(successful youth)이 될 가능성이 매우 줄었음을 발
견하였다.

　청소년의 비행행동과 약물 사용에 대한 위험요인 및 보호요인에 대
한 연구에서 호킨스와 그의 동료들은(Hawkins et al., 1992) 비행행동
과 알코올, 담배 및 기타 약물 사용을 포함한 청소년들의 다양한 행동
양상이 조사되어야 하며, 위험요인 및 보호요인들은 환경의 다양한
여러 영역들에서 발생될 수 있다고 결론지었다.

　이상의 연구들을 통해서 청소년들의 비행을 현실에 가깝게 설명하
기 위해서는 위험요인과 보호요인을 함께 이해하고, 이들의 역동적인
관계를 종합적으로 살펴보아야 한다는 것을 알 수 있다. 또한 이들의
개념을 함께 고려함으로써 청소년들이 어떻게, 왜 비행행동을 시작
혹은 자제하는지를 이해할 수 있을 것이며, 효과적인 비행행동의 예
방 및 치료 프로그램의 방향을 제시해줄 수 있다(한영옥, 2007).

　좀 더 구체적으로 발전 - 생애과정범죄학에서는 위험요인과 보호요
인을 어떻게 개념화하는지를 살펴보고, 이것과 관련된 경험적 연구들
을 통해 청소년의 사회적 환경 중에서 어떤 요인들이 위험요인 혹은
보호요인인지를 확인하고자 한다.

　위험요인은 범죄를 저지를 가능성이 커질 것이라는 것을 예보해주
는 요소이다(Kazdin et al., 1997). 이에 대한 초기연구들은 주로 위험
으로 간주할 수 있는 생물학적 · 인지적 · 감각적 요인을 지니는 유아
나 아동을 예측하고 발견하는 데 초점을 두었다(Gramezy, 1996). 그러
나 최근에는 지역사회, 가정 등의 사회구조적 차원에서 위험요인을
발견하는 작업이 이루어지고 있는데, 이제까지의 연구들을 통해 밝혀

진 위험요인들은 다음과 같다. 지역사회 차원의 위험요인에는 지역사회의 경제적 수준, 유동성, 조직화된 정도, 약물의 가능성 등이 있다(Sampson et al., 1997; 지승희 외, 2001 재인용). 학교 변인으로는 학교 성적의 하락 및 부진, 학교교육에 대한 낮은 기대감, 학교생활에 대한 불성실한 태도, 교사들의 무관심 내지는 폭력 등이 발견되었다(Maguin & Loeber, 1996; 지승희 외, 2001 재인용). 또래 변인으로는 모든 문화에서 공통적으로 비행친구와 어울리는 것이 지적되었다(Loeber, 1990; 지승희 외, 2001 재인용). 가정적 위험요인에는 가족의 비행경력, 경제적 결손, 가정불화, 구조적 결손 등이 지적되었다(Yashikawa, 1994; 지승희 외, 2001 재인용).

많은 종단연구들에서도 위험요인과 관련된 것을 찾을 수 있다. 케임브리지 연구(Cambridge Study in Delinquent Development)에서는 400명의 런던 남성들을 대상으로 8세부터 시작하여 범죄행위가 어떻게 발전하는지 종단조사(prospective longitudinal survey)를 실시하였다. 이 연구의 결과, 8세에 부모의 감독을 제대로 받지 못한 조사 대상자의 55%가 32세 때에 유죄 선고를 받았다. 이는 나머지 조사 대상자의 32%의 유죄 선고율과 비교해볼 때, 상당한 차이를 보여주고 있다(Farrington, 1990; Farrington, 2000 재인용). 부모 감독이 비행이나 범죄에 있어서 매우 중요한 위험요인이라는 것을 확인하였다. 또, 시애틀 연구(Seatle Development Project)[18]에서는 비행집단 가입의 연령, 지속기간, 가입과 지속에 영향을 주는 위험요인들을 지역사회, 가정, 학교, 친구 등을 중심으로 살펴보았는데, 위험요인의 수가 많을수록 비행집단 가입가능성이 높다는 결과가 나타났다.

---

18) OJJDP의 일환으로 1985년부터 시애틀 지역의 범죄취약지역의 공립학교 5학년 남녀 학생들을 대상으로 조사되었다. 10살부터 시작된 조사는 16살까지 매년 계속되었고 이어 18세 되는 해에 한 번 더 같은 집단을 대상으로 조사가 이루어진 연구이다.

위험요인과 달리 보호요인(protective factor)은 "위험요인에 노출되었을 때 나타날 수 있는 부정적 영향력을 중재하거나 완화시켜 결과적으로 문제행동이 나타날 수 있는 확률을 낮추는 변인"(Garmez, 1985)으로 정의된다. 즉 보호요인이란 취약한 환경적 조건하에서도 부정적인 산물의 가능성을 경감시키는 요인으로, 이러한 정의에서 중요한 것은 위험요인의 반대양상이 곧 보호요인이 아니라는 점이다(유성경 외, 2004).

루터와 그의 동료들은(Rutter et al., 1990) 보호요인을 알아보기 위해 두 집단의 청소년들을 추적 조사하였다. 그들은 한 집단을 부모의 범죄, 학대, 유기 등으로 인해 그룹 홈에서 생활하는 표본 집단으로, 또 다른 집단은 런던 안에서 거주하는 같은 연령에 시설에 입소되지 않은 개인을 모집단으로 하는 유사임의 표본집단(quasi-random sample)으로 설정했다. 그리고 이 두 집단을 비교한 결과 루터와 그의 동료들은 부부의 지지, 교육경험, 안정적인 결혼기회 등이 비행과 관련하여 중요한 보호요인임을 확인하였다(sampson & Laub, 2001: 29-30).

구에라(Guerra, 1999) 역시 비행행동이 야기될 수 있는 확률을 낮추거나 완전히 차단하고 중재하는 기능을 하는 변인인 보호요인을 발견하였다. 개인의 탄력성, 강한 가족 간의 유대, 지지적인 가족환경, 문제해결기술, 자기효능감에 대한 믿음 등이 그것으로, 이들은 경험적으로 입증된 보호요인들이다(Hawkins et al., 1992).

사회발달모델(SDM)에서는 가족 간의 유대, 지지적인 가족환경 등이 비행 및 약물 사용을 차단하는 보호요인으로 정의했다(Hawkins et al., 1992). 그들은 가족, 학교, 또래 간의 유대역할에 주목하고 있었는데, 비행 및 약물 사용과 관련하여 역상관관계가 있는 사회 유대의 네 가지 요소로 강한 부모와의 애착, 책임 있는 학교생활, 정기적인 교회

활동, 사회에 대한 일반적 기대, 가치에 대한 믿음을 발견하였다. 또한 이 모델에서는 18세의 약물 사용, 알코올 남용, 폭력뿐만 아니라 유년기의 반사회적 행동의 여러 형태에서 보호요인으로 작용하는 요소를 확인하였다(Catalano et al., 1996).

손베리와 크론(Thornberry & Krohn, 2001)은 가족유대강화 등 사회적 영향 요소의 변화, 학업성취와 같은 보호요인, 개입프로그램 등과 같은 부모 · 친구 · 지역사회 · 제도 등과의 사회적 연대가 비행중단의 보호요인이라고 하였다.

2) 보호요인과 위험요인: 사회유대이론과 사회학습이론

위에서 청소년들의 사회적 환경 중 위험요인과 보호요인으로 검증된 요소들이 어떤 것들이 있는지 확인해보았다. 이 요소들은 기존 연구이론에서도 위험요인과 보호요인으로 언급되었던 것은 아니지만 충분히 검증되어 왔던 것들이다.

일찍이 레크리스(Reckless, 1973: 56)도 범죄적 영향이 왜 어떤 사람에게는 영향을 미치고 어떤 사람에게는 영향을 미치지 않는지에 대한 물음에 답하기 위해 압력요인(pressure), 유인요인(pull), 배출요인(pushes) 그리고 내적 · 외적 억제(containment) 개념을 이론화하였다. 그는 "사람을 제자리에 있도록 잡아주고 견제하는 외적 사회구조가 있으며, 사람들이 사회적 또는 법률적 규범을 일탈하는 것으로부터 보호해주는 내적 완충기가 있다. 이들 두 가지 견제가 법률적 또는 사회적 규범위반에 대한 방어로서, 유인하고 압박하는 데 대한 격리로서, 유혹과 비도덕화에 대한 보호로서 기능한다. 만약 비행으로 유인하는 요인이 있다면, 바로 이 두 가지 견제하는 완충기에 의해서 약화되고, 중화되고, 무력화되며 또는 장애를 받게 된다.”고 하였다(Reckless, 1973: 39).

그의 말에 따르면 누구나 비행을 하게 만드는 유발요인과 하지 않도록 하는 통제요인을 느끼게 되는데, 이러한 두 가지 힘의 균형이 어떻게 이루어지는지에 따라서 범죄를 할 가능성이 달라진다고 할 수 있다(Reckless, 1973).

이러한 레크리스(Reckless)의 생각은 이동원(1997)의 연구에서도 찾아볼 수 있다. 그러나 레크리스가 통제요인으로 자아개념을 사용하고 있는 것과는 달리, 이동원(1997)은 사회유대이론에 근거해서 청소년의 주변적 환경을 중심으로 통제요인을 구성하고 있다. 이동원(1997)은 ‘부모와의 관계’, ‘학업성적’, ‘비행친구’라는 세 가지 개념이 비행을 발생시키는 데 기여한다는 공통점이 있지만, 비행을 발생시키는 메커니즘에 있어서 그 사회적 위치와 의미는 다르다고 하였다. 결국 부모와의 관계, 학업성적, 비행친구라는 개념은 비행을 발생시키는 데 있어 통제요인(control factor), 압력요인(push factor), 유인요인(pull factor)으로 작용한다는 것이다.

그의 연구에서 유대(bond)라는 개념은 비행을 하도록 하는 요인이 아니라 오히려 비행을 하지 못하도록 하는 통제(control)요인이라고 설명하고 있다. 그리고 부모와의 관계나 학업성적은 유대의 중요한 요소로서 부모와의 관계가 좋으면 비행을 하지 않고, 학업성적이 높으면 비행을 할 가능성이 줄어든다고 하여 이들이 비행을 통제하는 역할을 하는 지표로 보고 있다. 긴장이론에 대해서도 그는 비행의 발생을 인습사회로부터 설명하고자 한 점은 사회유대이론과 같은 맥락이지만, 인습사회에서 밖으로 몰아내는 압력(push)으로서 긴장을 좀 더 강조하고 있으며, 교육적 성취가 강조되는 사회에서 청소년들에게 학업성적이 나쁜 것이 긴장으로 작용하여 비행이 발생하게 된다고 주장한다. 마지막으로 차별접촉이론에서 그는 인습사회보다는 비행에 보다 가까운 비행문화와의 접촉 또는 비행의 학습이라는 측면에서 비행으로의 유인(pull)을 설명하였는데, 그 과정에서 비행친구는 매우 중요한 역할을 수행한다고 보았다(이동원, 1997).

레크리스나 이동원처럼 위험요인과 보호요인을 동시에 고려한 것은 아니지만, 기존의 범죄이론들도 위험적 기능을 강조하는 이론과 보호적 기능을 강조한 이론으로 구분해볼 수 있다. 비행을 촉진하거나 유발하는 요인에 주목한 이론으로는 긴장이론, 차별적 접촉이론, 하위문화이론, 낙인이론을 들 수 있고, 비행을 억제하는 요인에 관심을 가지고 있는 이론으로는 사회유대이론, 억제이론, 사회해체 및 비공식통제이론, 자기 통제이론이 이에 해당된다고 할 수 있다.

청소년들의 사회화는 비행행위를 설명하는 데 매우 중요하다. 그렇기 때문에 청소년들의 사회적 환경 중에서 주변관계에 주목하고 있는 사회유대이론과 사회학습이론은 청소년 비행을 설명하는 데 많은 주목을 받아왔다. 사회유대이론과 사회학습이론은 청소년 비행을 설명하는 이론들 가운데 실증연구에 가장 많이 적용되었을 뿐만 아니라 한국 사회에서 가장 잘 적용되어 왔던 이론들이다(유순화, 2003; 이성식, 1995; 황지태, 1999).

본 연구에서도 사회유대이론과 사회학습이론을 관심 있게 살펴보고 있다. 사회유대이론과 사회학습이론의 보호적 기능과 위험적 기능은 그들의 서로 다른 문제의식에서부터 알 수 있다. 사회학습이론이 '왜 그들은 법을 위반하는가'에 대한 답을 추구한다면, 사회유대이론은 '왜 우리는 법을 위반하지 않는가'란 질문의 답을 찾기 때문이다.

　　사회유대이론에서는 모든 사람이 범죄의 동기를 가지고 있으며, 개인이 사회와 가지고 있는 유대감이 약해지거나 깨어질 때 자연스럽게 비행이 발생한다고 본다. 이러한 가정은 사회유대이론이 보호요인의 기능을 강조한다는 것을 알 수 있다. 반면 사회학습이론에서는 무엇이 비행을 유발하는가에 초점을 두고, 범죄가 범죄행위와 관련된 규범, 가치, 행동 등 학습의 산물이라고 보는데, 이는 사회학습이론이 비행에서의 위험요인을 강조하고 있다는 것을 의미한다.

2. 조절요인으로서 사회유대이론과 사회학습이론

　　부정적 인생사건은 비행의 시작이라는 새로운 삶의 궤적을 만들 수도 있지만 누구나 인생사건을 경험했다고 해서 비행을 시작하는 것은 아니다. 현실적으로 인생사건을 경험한 청소년들의 일부만이 비행을 시작한다. 따라서 인생사건을 경험한 청소년들 중에서 어떤 청소년들은 비행을 시작하는데, 어떤 청소년들은 비행을 시작하지 않는다는 것은 다른 변인이 관련되어 있다는 것이다. 인생사건과 비행시작과의 관계에 다른 변인이 관련되어 인생사건이 비행시작에 미치는 영향력이 차이를 만들어낸 것이다.

　　예를 들면 동일한 인생사건인 '부모의 이혼'이라고 할지라도 그 사건에 대해 개인이 어떻게 반응하느냐에 따라 그 결과가 매우 달라진다. 따라서 청소년들이 경험하는 부정적 인생사건들이 비행시작에 미치는 영향뿐만 아니라 부정적 인생사건이 개인의 주변 환경에 따라서 비행시작에 다른 영향을 미치는지에 관한 모델을 검증하는 연구가 필요하다.

　현실적으로 청소년들이 부정적인 인생사건을 경험하게 되면, 비행이라는 경로로 진입할 가능성이 높아진다. 그러나 청소년들의 주변 환경이 어떻게 구성되어 있는지에 따라 부정적 인생사건이 비행시작에 미치는 영향에는 차이가 나타날 것이다. 청소년들의 주변 환경이 비행을 억제할 수 있는 보호요인이 구성되어 있는 것과 비행을 유발할 수 있는 환경으로 구성되어 있는 것과는 확실히 차이가 있을 것이다.

　또한 부정적 인생사건과 비행시작이라는 관계 안에서 청소년 주변 환경은 조절요인으로뿐만 아니라 매개요인으로도 사용될 수 있다. 그러나 청소년기라는 인생발달단계를 고려한다면, 청소년 주변 환경은 매개요인보다는 조절요인으로서의 역할이 더 중요하다. 단기간(청소년기)이라는 조건에서 보면 인생사건이 청소년 주변 환경을 변화시킨다는 것보다는 인생사건에 청소년 주변 환경이 동시에 작용한다고 사고하는 것이 더 설득력 있으며 현실을 반영하는 것이다.

1. 인생사건과 비행시작

많은 청소년전문가들은 청소년기의 혼란을 정상적인 발달과정으로 인식하고, 질풍노도의 시기라고 지칭한다. 그들에 의하면, 청소년기의 성장호르몬과 성호르몬에 의한 급격한 신체적 변화는 청소년들을 불안하게 하며, 청소년기의 인지적 특성은 미래에 대해 필요 이상으로 근심하고 자신에 대해 혼란스러워하며 기성세대와 사회에 대해 공격적이라고 한다(청소년개발원, 2005).

질풍노도의 시기로 지칭되는 청소년기는 외부의 충격에 매우 민감하다. 감정의 기복이 심하고 예민하기 때문에 사소한 일에 쉽게 우울해지고 낙담하며 화를 잘 내기도 하고 충동적으로 행동하기도 한다

(방은령, 2001; 청소년개발원, 2005 재인용). 이러한 혼란의 시기에 충격적인 사건을 경험하게 되면, 청소년들은 지금까지와 다른 행동패턴으로 전환할 수 있을 것이다. 만약 충격적인 사건이 부정적인 것이라면 청소년들이 반사회적 궤적으로도 진입할 가능성이 더욱 커진다. 청소년들의 생활을 변화시킬 수 있는 계기로서 비행이라는 궤적과도 밀접한 관계를 맺고 있는 것이 '인생사건'이다.

이런 이유로 청소년기에 청소년생활의 전환점이 될 수 있는 '인생사건'은 매우 중요하다.

최근 우리 사회의 변화와 변동은 청소년들에게 과거와는 다른 사건과 충격을 경험하게 한다. 세계화, 정보화, 외환위기, 경제침체 등 단어만 나열해도 우리 사회가 얼마나 많은 변화와 변동을 겪고 있는가 알 수 있다. 이러한 변화와 변동은 이혼율,[19] 부모의 경제적 실패 등 다양한 일련의 사건들로 청소년들에게 다가서고 있다.

오늘날의 이 같은 사건들은 과거의 청소년들이 겪은 경험과는 다른 차원임에도 불구하고, 청소년 비행과 관련한 국내 연구들은 부모의 이혼, 사망과 관련된 연구에만 집중하고 있다. 따라서 '인생사건'이 청소년비행 시작과 어떠한 관련이 있는지에 대한 체계적인 연구뿐만 아니라, '인생사건'을 전환점으로 사고하여 연구한 경우 또한 찾아보기 힘들었던 것이 사실이다. 이러한 점을 감안하여 청소년기에 비행이라는 새로운 인생궤적으로 진입하게 하는 인생사건에 관심을 가지고 연구를 진행해야 한다. 따라서 과연 청소년들을 비행이라는 새로운 궤적으로 진입하게 하는 인생사건에는 어떤 것들이 있는지, 청소년들의 성장과정에서 경험하는 특수한 사건들 중에서 그들의 정서발달에 커다란

---

19) 2006년 이혼 통계결과(통계청)에 의하면 이혼시점의 평균연령은 남자가 42.6세, 여자가 39.3세이며, 5년 미만 생활한 젊은 부부의 이혼율은 완만하게 증가하는 반면, 40대 이상의 장년층 부부의 이혼이 빠르게 증가하고 있다.

영향을 미치는 경험과 사건들이 무엇인지 관심을 가져야 한다.

1) 부정적 인생사건의 유형: 가족 내적 사건과 가족 외적 사건

(1) 가족 내적 사건: 부모의 자발적 사건과 부모의 비자발적 사건

청소년 비행 및 범죄를 설명하는 이론 중 직접 혹은 간접적으로도 가족의 영향을 고려하지 않은 이론은 없다. 이처럼 가족은 비행을 설명하는 데 중요한 요소 중 하나이다. 가족은 인간이 태어나서 가장 먼저 사회화가 되는 사회제도이며, 청소년의 성장과정에서 매우 중요한 부분들이다. 청소년 성장과정에서 가족의 변화는 매우 중요한 사건들이다.

많은 전문가들은 가정파괴가 아이들이 법을 위반하는 행동을 결정짓는 것이라고 주장한다(Mangold, 1924; Glueck & Glueck, 1950; 김준호 · 김순형, 1995 재인용). 자기 보고된 비행의 경우 건전한 가정의 청소년들이 부모가 이혼하거나 별거 중일 때 비행을 저지르기 쉽다는 결과를 나타내고 있다(Siegel & Welsh, 2007). 이혼의 부정적인 영향은 높은 비행률뿐만 아니라 낮은 교육수준, 약물과 음주 게다가 정신적인 건강 문제까지 발생할 수 있다는 보고가 있다(Garnefski & Diekstra, 1997). 이처럼 이혼은 이혼 전 가족 내 양상과 관계없이 청소년에게 긴장을 주는 사건임에는 틀림없다. 신현숙(2003)은 부모의 이혼은 그 자체가 청소년들의 비행을 유발하는 사건이라고 한다.

최근에는 별거, 이혼 이후의 가족 재편성에 대한 관심도 높아지고 있다. 재혼과 가족의 재편성이 일반화되고 있는 지금, 많은 연구자들은 새 부모가 청소년을 둔 가정을 꾸밀 때의 어려움을 강조한다. 새로운 가정이라는 환경은 청소년들에게 다중의 스트레스(multiple stress)가 될 수 있다. 연구결과에 따르면 계부와 사는 것은 부모가 혼자인 경우와 마찬가지로 친부모와 사는 경우보다 상당한 문제를 유발한다고 한다(Amato & Keith, 1991). 특히 재혼 후 2년 이내 아이들이 외현적인 행동, 즉 반항, 공격성을 나타낸다(Hetherington et al., 1985; 한국가족학연구회, 2003 재인용).

부모의 이혼, 별거 등과 같은 사건들은 청소년들에게 스트레스 상황을 만들어내고, 그들의 삶을 변화시킬 만큼의 중요한 사건들이다. 이러한 사건들은 발전-생애과정범죄학에서 논하고 있는 청소년의 삶의 궤적을 전이시킬 수 있는 기회사건들이라고 할 수 있다. 본 연구에서는 이러한 사건들을 부모의 의지에 의해 변화의 가능성이 있는 사건, 즉 '부모의 자발적 사건'으로 정의한다.

부모의 의지에 의해 변화가능성이 있는 사건들이 있다면, 부모의 의지와는 관계없이 일상에서 일반적으로 일어날 수 있는 사건들이 있을 수 있다. 예를 들어 부모 중 누군가가 사망했다든가, 경제력을 책임지시던 분이 실직을 했다든가 하는 사건 등은 부모의 의지에 따라 결정되는 것이 아니라는 점에서 위와 마찬가지로 '부모의 비자발적 사건'으로 정의한다.

부모의 사망과 같은 상실은 단순히 경제적 측면뿐만 아니라 정서적·사회적 측면 등과 같이 다양한 영역에서 청소년들에게 영향을 미친다. 기존 연구들을 살피면, 정상 가족에 비해 부모가 부재한 경우 더 많은 문제를 야기하는 것으로 알려져 있다. 이러한 부모의 상실은 청소년들에게 자신의 인생을 변화시킬 만큼의 커다란 충격이며 사건이다.

가장의 실직은 어린 자녀로 하여금 불안감을 갖게 하며, 감수성이 예민한 청소년 자녀의 정서에 심각한 문제를 발생시킨다(조흥식, 1998)[20]. 실직은 자녀에 대한 태도 및 훈육에 영향을 미치게 되는데, 흔히 실직한 아버지는 자녀에게 더 독재적인 방법으로 훈육을 하여 '아버지 - 자녀관계'가 악화되기 쉽다. 특히 경제적 요소는 자녀에 대한 부당한 대우(maltreatment), 자녀학대(child abuse)와 중요하게 관련되어 있다. 이처럼 청소년기에 경험하는 경제적 상실은 문제행동에 직·간접적인 영향을 끼친다(Elder & Caspi, 1988; 정혜경, 1999). 실직은 경제적 상실로 인해 가계경제를 변화시킴으로써 청소년의 삶에 큰 변화를 가져오는데, 부모가 실직했을 때 청소년의 나이가 몇 살인가에 따라 미치는 영향에 차이가 있다(정혜경, 1999).

부모의 이혼, 부모의 재혼, 부모의 가출, 부모의 사망이나 실직과 관련된 연구를 종합해보면, 이들 사건은 대부분 대인관계의 문제, 비행 등에 영향을 미치는 커다란 위기감을 주는 사건임에 명백하다.

(2) 가족 외적 사건: 불이익적 사건

가족과 관련된 사건 이외에 청소년들의 생활에 삐거덕거림을 일으킬 수 있는 사건을 '불이익적 사건'으로 정의한다(정혜원·박정선, 2008). 이 사건은 타인의 부정적 행위에 직면하게 되면서 맞닥뜨리는 또 하나의 불만스러운 삶의 형태라고 할 수 있다.

청소년들은 언어적·신체적 학대, 어려운 학교생활, 유해한 자극에

---

20) 청소년범죄는 최근 안정화추세를 보이고 있다. 그러나 '2008 경찰백서'에 따르면, 1998년 이후 감소하던 청소년 범죄자들이 지난해(2007년)에 11만 5,661명으로 집계됐다. 2006년보다 27.6%나 증가한 수치다. IMF 외환위기 당시인 1998년에 15만 1,383명으로 최고를 기록하다가 1999년 14만 1,519명, 2001년 13만 1,059명, 2003년 9만 6,697명, 2005년 8만 3,477명 등 매년 감소세였다. 위의 수치만을 가지고 경제적 위기와 청소년 비행을 연결 짓기는 어렵다. 하지만 미시적 차원으로 범위를 좁혀서, 경제적 위기는 부모의 사업실패와 실직 같은 경제적 실패를 야기한다. 그렇기 때문에 2008년 경제 위기를 겪고 있는 한국 사회에서 부모의 경제적 실패라는 사건이 청소년 비행 시작과 어떠한 관련을 맺고 있는지에 대한 연구는 매우 의미 있는 작업이다.

노출될 수 있다. 청소년들은 스스로 학교를 벗어나기가 어렵기 때문에, 교사로부터의 부정적 반응을 적법한 방법으로 봉쇄하기 어렵다. 또한 아직까지 권위적인 관계가 중요하게 일상에서 적용되고 있는 한국 사회에서, 이웃 어른이나 친구의 부모가 가하는 부당한 행위로부터 자신을 보호할 수 있는 기제가 청소년들에게 존재하지 않는다. 그렇기 때문에 청소년들이 교사나 이웃으로부터 치욕적인 대우나 구타를 당했을 때, 청소년들이 그것을 차단할 수 있는 방법은 생각보다 많지 않다.

또한 청소년들은 교사나 이웃으로부터 당하는 언어적/신체적 학대 및 폭력을 부당하다고 느낄 가능성이 높으며, 이러한 사건들에 분노로써 대응하기 쉽다. 이것은 특히 교사의 권위나 이웃 어른의 권위가 점점 떨어지고 있는 현시점을 감안할 때, 교사나 이웃의 언어적/신체적 학대 및 폭력에 대해 과거 청소년들보다 현재의 청소년들이 더 큰 분노와 공격성으로 대응하기 쉽다는 것을 의미한다. 또한 이러한 경험은 청소년들이 학대와 폭력에 노출됨으로써 오히려 비행태도를 모방하고 강화할 수 있다는 점에서 비행동기가 될 수도 있다.

한국 사회에서 교사로부터의 치욕적인 대우나 구타가 비행에 미치는 영향은 많은 경험적 증거를 제시한다(문병욱 · 황혜원, 2006; 문병욱 · 신동준, 2008). 애그뉴는 여러 가지 긴장요인 중 부모나 교사로부터의 언어적 · 신체적 폭력이 범죄와 큰 연관성을 갖는 것으로 결론을 내렸다(Agnew, 2001: 325).

이은주(1998)에 의하면, 교사의 차별대우, 학생에 대한 인격무시와 같은 스트레스적인 사건들은 폭력비행, 재산비행, 지위비행 등 다양한 형태의 비행에 폭넓게 영향을 미치고 있다. 또, 비행행위에 있어서 미국 청소년을 대상으로 종단자료를 분석한 연구에 의하면, 부모뿐만 아니라 주위사람들과의 관계에서도 부정적인 인생사건을 많이 경험한 청소년일수록 음주행위와 같은 행위적 장애를 경험할 가능성이 높다고 한다. 유사하게, 교사로부터 비난받고 질책받는 청소년들은 새로운 도전에 직면하지 못하게 되며, 이로 인한 위축과 열등감을 발달시킬 가능성이 커지는 것은 물론, 학교생활에서 불만족이나 갈등이 발생된다고 한다(장휘숙, 1995). 결국 이러한 학교생활의 불만족은 부적응적인 행동이나 반사회적 행동으로 나타나게 된다고 한다(류동훈, 2000).

2) 청소년시기 구분: 중학교시기와 고등학교시기

사람들은 출생 이후 나이가 들면서 신체적이나 심리적 또는 사회생활 등 면에서 많은 변화를 겪는다. 아동기를 거쳐 사춘기를 겪고 청소년기에 들 때까지 육체적으로 성장하며, 인지성향의 경우도 어렸을 때는 자기중심적이지만 나이가 듦에 따라 일반적이고 보편적인 측면에서 사물을 인식할 수 있게 된다(이순래·박철현, 2000). 따라서 특정발달단계에서 행위자에게 중요하게 작용하는 요인은 이전에는 그렇지 않을 수 있으며, 역으로 전 단계에서 중요했던 요인이 그 후의 단계에서는 행위자에게 아무런 영향력을 미치지 못할 수 있다.

인생사건 또한 어떤 인생사건이 어느 시점에 대두되는지에 따라 전환점이 될 수도 있고 전환점이 되지 않을 수도 있다.

그런데 대부분의 비행이론은 청소년기를 하나로 보고 이론을 전개한다. 비행의 원인을 탐구함에 있어서도 비행을 저지르게 되는 시기를 고려하지 않고 있는 것이다. 그렇지만 감수성이 예민한 청소년들은 청소년기를 통해서 상당히 많은 변화를 겪기 때문에, 초등학교시기와 중학교시기 그리고 고등학교시기를 같게 본다는 것은 이론의 설명력을 약화시키는 결과를 낳게 된다(노성호, 1992). 같은 사회 환경적 요인이라도 중학교 때 미치는 영향과 고등학교 때 미치는 영향은 상당한 차이가 있다. 많은 경험적 연구결과를 살펴보아도 중학교와 고등학교시기의 청소년들이 상당히 큰 차이가 있음을 알 수 있다(김영희, 2004; 노성호, 1992).

한국 중학생의 생활 및 문화실태를 분석한 박효정(2003)의 연구를 살펴보면 중학생과 고등학생 사이에는 명확한 차이가 나타난다. 중학생은 고등학생보다 미래에 대한 포부가 높으며, 부모님이 자신을 더 잘 이해해준다고 생각하고 있으며, 부모와의 대립과 갈등도 더 많이 경험하고 있다. 노성호(1992)는 비행화과정을 초등학교에서 중학교로의 변화인 조기 비행화와 중학교에서 고등학교로의 변화인 후기 비행화로 구분하여 고찰하고 그 차이를 밝히고 있다.

그러므로 중학생과 고등학생이라는 사회적 조건을 고려하여 청소년기를 구분하고, 그 맥락 안에서 청소년 비행을 이해해야 한다. 최근 학교 급별 진학률을 보면, 2006년 초등학교 졸업자의 중학교 진학률은 99.9%이며 중학교 졸업자의 고등학교 진학률은 99.7%로 2003년 이후 같은 수준을 유지하고 있다(청소년백서, 2007). 이와 같은 결과로 미루어볼 때, 현재 한국 사회에서 청소년은 학생이라는 사회적 조건과 관련을 맺고 있다. 이러한 학생이라는 사회적 조건은 청소년들의 정신적·신체적 차이를 만들어낸다. '빠른 ○○년생'이라는 말처럼 우리나라에서는 몇 살인가라는 연령보다는 내 친구가 혹은 내가 중학교 혹은 고등학교 몇 학년인가라는 것이 더욱 중요하며, 그것을 통해 자신의 정체성을 갖는다. 학교를 다니지 않는 청소년들에게도 똑같이 적용되는 것이 학생으로서의 정체성이다. 중학교 3학년과 고등학교 1학년은 연령상으로는 한 살 차이지만, 중학생과 고등학생이라는 사회적 조건은 그들의 발달과정 안에서는 커다란 차이를 나타낸다.

고등학생이라는 사회적 조건은 그들에게 사회적으로 높은 자아수준을 요구하며 행동방식에 있어서도 중학생과는 다른 행동양식을 요구한다. 이처럼 학생이라는 사회적 조건은 청소년들에게 막강한 영향력을 발휘하며 그들의 행동과 사고를 지배한다.

그러므로 우리나라 청소년연구에서 중학교와 고등학교를 구분해서 살펴보는 것이 매우 의미 있는 일이라고 생각된다. 박종일 · 김은정 (2008)은 청소년기는 사회/역사적 조건에 따라 다른 의미를 가지며, 현재 우리가 가지고 있는 청소년기에 대한 상과 개념들은 현대사회의 독특한 준거 틀을 기반으로 이루어진 것이라고 하였다. 한국청소년들을 이해하기 위해서는 그들이 존재하고 있는 사회적 환경 속에서 살펴보아야 하며, 그들에게 일어나는 심리적 발달 과업들 역시 역사적인 맥락과 연결하여 사회학적인 설명이 필요하다는 것이다. 따라서 중학교시기와 고등학교시기로 나누어서 인생사건이 비행시작에 미치는 영향을 살펴보는 것이 청소년을 단일 차원으로 설명하는 것보다 정확하게 청소년들의 사회적 환경을 반영하는 연구이다.

2. 인생사건과 상호작용하는 보호요인 · 위험요인

1) 보호요인: 부모애착, 학업성취, 교사애착

청소년들이 인생사건을 경험했다고 해서 누구나 비행이라는 궤적을 형성하는 것은 아니다. 그럼 언제, 어떻게 비행의 시작이라는 새로운 삶의 경로로 전이하게 되는 것일까?

청소년들이 부정적인 '인생사건'을 경험하게 되면, 비행이라는 경로로 진입할 가능성이 높아진다. 하지만 아이들의 주변 환경에 비행을 억제할 수 있는 보호요인이 있다면, 부정적 인생사건이 비행시작에 미치는 영향은 조절될 것이다. 즉 부모의 이혼, 사망 등과 같은 부정적 인생사건을 경험했다고 하더라도, 사회와의 유대가 있다면 스스로 비행을 통제할 수 있을 것이다.

사회유대이론은 주위사람들과의 애정적 결속력과 같은 유대가 범죄를 설명할 수 있다고 본다. 사회유대이론에서는 부모나 학교 등의 사회유대가 강한 아이들은 범죄동기를 통제함으로써 범죄의 가능성이 낮아진다고 했다. 특히 사회유대이론은 한국 사회에서 보다 잘 적용되어 왔으며, 국내의 청소년비행연구에서 그 설명 틀에 대한 의존도가 매우 높은 이론이다(김상원, 2007; 이성식, 1995).[21]

사회유대이론을 주창한 허쉬(Hirschi, 1969)는 사람들이 사회와 법률준수행위를 하도록 하는 네 가지 유대가 있다고 주장하였다. 그는 이러한 사회적 유대가 강할수록 일탈을 저지르는 확률이 적어진다고 보았다. 사회적 유대의 첫 번째 요소는 중요한 타자에 대한 애착(attachment)이다. 애착은 일반적으로 한 사람이 다른 사람들에게 가지고 있는 애정적 결속, 존경심, 동일시 정도를 의미한다. 이것은 감정적 혹은 정서적 구성요소로 가족, 친구 그리고 학교에 대한 청소년들

---

21) 황지태(1999)는 그의 논문에서 사회적 유대의 결여를 일탈행동의 주요원인으로 설명하는 사회유대이론은 현재 한국의 청소년비행연구에서 지배적 패러다임(paradigm)이라고 한다. 그에 의하면 청소년비행연구의 지배적 패러다임이라고까지 여기는 것은 단순히 사회유대이론의 전반을 적극적으로 수용하고 있다는 연구들이 많다는 의미를 넘어 사회유대이론의 변수들과 사회유대이론이 주로 사용하는 자기보고식(self-reported) 연구방법 — 물론 이것이 사회유대이론만의 고유한 방식이라고 보는 것은 무리가 있겠지만 양자 간에는 상당한 친화력이 있다고 본다 — 이 매우 광범위하게 이용되고 있다는 것을 감안한 판단이라고 한다(황지태, 1999: 1).

의 유대에 관심을 갖는다. 두 번째 요소는 관여(commitment)이다. 관여는 비용적 요소를 말하는 것으로, 관례적 행동에 투자한 것을 잃을 위험을 말한다. 세 번째 요소는 관례적 행동에 대한 참여(involvement)이다. 이것은 기회적 구성요소를 말한다. 일상생활(관례적 행동)에 대한 참여와 열중은 청소년이 범죄나 일탈에 가담할 수 있는 절대적 시간의 부족으로 인하여 불법적 행위의 기회를 줄일 것이라고 보았다. 네 번째 요소는 신념(belief)이다. 여기서 말하는 신념이란 사회의 가치체계와 규범에 대한 동의와 인정이다.

이 중에서 애착은 사회유대 요소들 중에서 가장 각광받아 왔다. 허쉬는 이러한 애착 중에서 부모와의 관계가 청소년 비행에 미치는 영향에 대해 가장 직접적이고 중요하게 취급하였다. 그는 '부모에 대한 애착'이 비행을 통제하는 데 있어서 가장 중요하다고 보고, 부모에 대한 애착이 비행통제에 작용하는 과정을 설명한다(Hirschi, 1969: 88). 부모에 대한 애착의 부재는 청소년 비행을 일으키는 중요한 원인으로서 부모와 자신과의 관계에서의 친밀성을 강조하며, 부모와 자식 간의 애착의 정도가 비행을 예방하는 중요한 요인이다(Hirschi, 1969; Hindelang, 1973; 노성호, 1992 재인용). 부모와 긍정적으로 애착관계를 형성한 청소년들은 자신의 감정을 잘 조절하고 효과적인 대처능력을 가짐으로써 학교생활에 더 잘 적응하고 비행과 같은 문제행동을 덜 보인다. 청소년기에 부모애착과 비행과의 관계는 많은 국내 연구에서도 지지되고 있다(기광도·이희길, 2004; 정소희, 2006). 또한 우리나라의 가족주의 이데올로기는 가족 분야뿐만 아니라 사회 구석구석까지 용해되어 영향력을 행사하고 있으며, 아직까지도 많은 사람들은, 청소년·성인·노인 모두 생활목표로써 '가정화목'을 가장 중요하게 여기고 있다(김의철 외, 2000). 이러한 점에서 우리나라에서 부모와의 유대는 현재

에도 매우 중요한 요소라 할 수 있다. 이와 같은 까닭으로 부모에 대한 애착은 비행의 중요한 직접적인 보호요인이 될 수 있다.

부모 - 자녀 간의 만족스러운 관계는 자녀의 비행에 대한 개입을 억제할 수 있는 중요한 요인이며, 이러한 부모와의 애착은 부정적 인생사건이 비행시작에 미치는 영향을 조절해줄 것이다.

다음으로, 학업성취(academic achievement)는 청소년의 심리 그리고 제반 행동영역에 영향을 주는 중요한 요인의 하나로 간주되어 왔다(이성식, 1996). 한국 사회에서 청소년들에게 학업성취, 즉 성적은 매우 중요한 것이다. 공부를 최고의 가치로 생각하고 있는 상황에서 부모와 자녀들 간의 기본적인 관계도 자녀의 공부, 즉 성적에 의해 영향을 받는 경우가 많다. 또한 학교에서 좋은 성적을 얻지 못할 경우 학교에 대한 싫증을 느끼게 되고, 이는 학교 권위에 거부하게 함으로써 비행가능성을 증가시킬 수 있다(Hirschi, 1969).

특히 교육과정에서 치열한 경쟁의 장을 형성하고 있는 한국 사회에서 학업성취는 비행으로의 진입을 억제할 수 있는 매우 중요한 요인이다. 학업성취와 관련하여 사회유대이론에서는 관여라는 유대요소로서 설명하고 있다. 관여는 사회의 관습적인 활동들과 관례에 대한 투자 정도와 순응에의 이해관계를 통해 자기가 속한 사회에 얼마나 연결될 수 있는가의 정도를 말하는 것인데, 범죄나 일탈을 통해 상실될 수 있는 투자분이나 순응에의 이해관계가 높을수록 그런 행위를 할 가능성이 줄어든다고 보는 것이다(Hirschi, 1969: 162). 또한 많은 경험적 연구에서 학업성취와 비행은 가장 일관된 관계를 보이며 가장 중요하게 여겨지는 변인 중에 하나이다. 또한 학업성취가 어떻게 측정되건 간에, 학업성취는 비행과 강한 상관관계를 보이고 있다(노성호, 1992; 김상원, 2007; 정익중, 2002). 그러므로 부정적 인생사건을 경험한 청소년들 중에서 성적이 높을 경우, 비행을 시작하지 않을 가능성이 높다. 성적이 높은 청소년들의 경우에는 지금까지의 투자비용이 높고, 일상생활에서 잃을 것이 많기 때문에 비행으로의 진입을 억제할 것이다.

교사에 대한 애착 역시 학생들에게 관습적인 규범이 전수되는 근원으로서뿐만 아니라 비행을 견제하는 개인 간의 투자 근원으로서도 작용한다(노성호, 1992). 교사의 긍정적인 기대가 아이들의 긍정적인 행동을 유발할 수 있는 것이다. 이때 교사에 대한 애착은 부모가 제공해주지 못했던 친화력 있는 인간관계(bonding relationship)의 또 다른 형태가 되는데, 즉 교사와 같은 영향력 있는 타자와의 인간관계는 반사회적 행동을 약화시킬 수 있다(지승희 외, 2002). 청소년들은 긴 시간을 학교에서 보내기 때문에, 청소년들에게 학교라는 공간과 학교 안에 존재하는 교사가 어떻게 청소년들과 친화력 있는 인간관계를 구성하는가에 따라 비행은 억제될 수도 있는 것이다.

허쉬(Hirschi, 1969)는 애착을 부모에 대한 애착, 학교에 대한 애착, 교사에 대한 애착으로 구분하고 학교에 대한 애착도 비행을 억제하는 중요한 요소로 보았다. 그는 학교에 대한 애착을 학교에 대한 동일시, 학교에 대한 태도, 교사에 대한 태도 등을 통하여 측정하였는데, 학교와 선생님에 대한 애착은 학생들에게 동조에의 투자를 증가시킴으로써 비행을 감소시킨다고 보고 있다(노성호, 1992 재인용). 교사에 대한 애착은 단순히 관습적인 규범이 전수되는 근원으로서뿐만 아니라 비행을 견제하는 개인 간의 투자의 근원으로서도 작용될 수 있다.

김아영과 그의 동료들은(2007) 교사와의 관계성이 높을수록 청소년의 비행경험이 줄고, 관계성의 변화가 긍정적일 때 비행의 변화 역시 감소함을 확인하였다. 교사에 대한 애착은 한 개인이 위험요인에 노출되었을 때 나타날 수 있는 부정적인 영향을 중재하거나 완화시켜 결과적으로 문제행동이 야기될 수 있는 확률을 낮추는 변인이 될 수 있는 것이다. 그러므로 부정적 인생사건을 경험한 청소년들에게 교사 애착을 높인다면, 비행으로의 진입을 억제하는 요인으로 작용될 수 있을 것이다.

2) 위험요인: 비행친구, 잘못된 훈육

위험요인은 개인이 평균적인 다른 사람들에 비해 발달상 문제를 일으킬 만한 소지가 높아지도록 하는 특성 및 변인이다. 위험요인은 개인을 둘러싸고 있는 내·외적 환경과 개인특성 중에서 발달상에 부정적인 영향을 미치는 객관적인 요인이라고 할 수 있다. 만약, 주변관계가 위험요인들로 구성된 청소년들이 부정적 인생사건을 경험한다면, 이들은 비행을 시작할 가능성이 크다.

서덜랜드(Sutherland, 1947)가 주장한 차별적 접촉이론에서는 범죄행위와 관련된 규범, 가치, 행동 등을 학습의 산물이라고 본다. 그의 이론에서 범죄행위는 주로 일차적이고 친밀한 집단에서 다른 구성원과의 상징적 상호작용과정을 통하여 학습되며, 즉 범죄행위에 대해 우호적으로 정의하는 사람들에의 노출과 순응적 정의를 가진 사람들과의 관계 정도로 범죄행위를 설명한다. 또 그는 비행집단과 어울리고 관습적인 집단과 떨어져 지낼 때, 비행의 가능성이 높아진다고 하였다. 이 부분에서 많은 연구들은 비행친구가 비행에 직접적으로 작용한다는 것을 발견하였다(Brendgen, et al., 2000; Loeber & Stouthamer-Loeber, 1986).

비행친구의 영향은 범죄학 분야에서 가장 지속적으로 검증되고 있다. 워(Warr, 2002: 40)는 어떠한 개인적 특성도 비행친구 수보다 범죄행위를 잘 예측해주는 것이 없다고 한다. 또한 친구관계망에 대한 종단적 연구에서는 비행자인 친구의 비율이 높을수록, 그 사람이 비행자가 될 가능성이 증가한다는 것을 확인하였다(Haynie, 2002). 적어도 비행친구가 정상적인 아이를 나쁘게 만드는 원인으로 작용하지 않을지도 모르지만 반사회적 행동에 참여하게 할 문제에 빠뜨릴 가능성을 높인다는 것이다(Duptula & Cohen, 2004).

기존 연구에서는 오랫동안 친구가 인간행위에 상당한 영향을 미치며 의사결정이나 행동선택에도 영향을 미친다고 주장해 왔다. 10대 초반 아이들은 울적할 때 친구가 정서적 지지가 되어 주며, 비밀이 누설될 걱정 없이 친구한테 자신의 감정을 털어놓기도 한다. 이처럼 부정적 사건을 경험한 청소년들에게 비행친구와 같은 위험요인이 존재한다면, 부정적 사건 때문에 혼란해진 아이들에게 비행친구와의 어울림은 반사회적 행동에 참여하게 할 가능성을 높일 수 있다.

국내의 많은 연구에서도 비행친구와 어울리는 것이 비행을 저지르게 하는 중요한 원인이라는 결과들이 나오고 있다. 노성호(2006)는 비행친구와 비행행동의 상호적 인과관계를 지위비행과 범죄행동으로 구분하여 분석하였다. 그의 연구에서, 비행친구가 비행행동에 미치는 인과적 영향과 비행행동이 비행친구에 미치는 인과적 영향이 비행유형에 따라서 서로 다르게 나타났다. 지위비행의 경우, 비행친구가 비행행동에 미치는 영향은 유의미하지 않았고, 비행행동만이 다음 해의 비행친구에게 유의미한 영향을 미쳤다. 반면 범죄행동에 있어서는 비행친구가 범죄행동에 미치는 영향이 더 강하게 나타났으며, 범죄행동이 비행친구에 미치는 영향은 유의미하지 않거나 약하게 나타났다.

정기원(2007)은 비행친구와 청소년 비행의 순환적 인과관계를 실증적으로 검증하였다. 그는 비행친구와의 교류는 청소년 비행의 원인이 되면서도 비행결과가 되고 있음을 확인하였다. 박현수(2008)는 경비행을 하는 집단에서 비행친구와의 관계는 밀집성이 있고, 감정적으로 친밀성과 욕구충족을 지니고 있는 반면, 중비행을 하는 집단의 경우, 일반청소년들의 연대보다 약하다고 한다.

친구와 비행의 시작과의 관계에는 여러 가지 논의가 가능하지만, 중요한 것은 청소년들의 경우 많은 시간을 친구들과 보내고, 친구들에게 많은 의미를 부여한다는 것이다. 또한 친구들로부터 많은 영향을 받기 때문에 친구관계는 청소년들에게 매우 중요한 사회적 환경이며, 친밀한 타자로서 규범을 형성하는 것만이 아니라 행동에도 많은 영향을 미치는 요인이 된다. 그러므로 부정적 인생사건 때문에 혼란해하거나 정서적 충격으로 당황한 상황에서 비행친구가 곁에 있다면, 비행친구는 아이들이 비행이라는 궤적으로 진입할 수 있게 하는 촉진제가 될 수 있다.

한편, 잘못된 훈육은 강압이론의 가장 중요한 지표 중의 하나인데, 강압이론은 사회학습이론의 2세대라고 볼 수 있다. 이 이론은 부모의 관리(parental management)를 비행의 중요한 요인으로 보는 비행에 대한 이론이다(Larzelere & Patterson, 1990: 301, 전영실, 2002 재인용). 강압이론에서는 숙련되지 못한 부모가 의도하지 않게 자녀의 반사회적 행동을 강화하며, 자녀의 문제행동에 대한 효과적인 처벌을 하는 데 실패한다고 가정한다(Larzelere & Patterson, 1990; Patterson, 1982; Sampson & Laub, 1995). 이러한 부모의 부적절한 자녀 관리는 자녀의 반사회적 행동, 비행의 유발요인이 되는 것이다(전영실, 2002). 이 이론은 자녀에 대한 관리를 효과적으로 하기 위해서 높은 수준의 기술이 필요하다고 주장한다. 부모가 자녀를 효과적으로 관리하기 위해서는 가정 내 규칙이 필요하며, 부모가 합리적 기준에 따라 감독하고 처벌해야만 한다는 것이다. 문제 자녀의 부모는 자녀가 어떻게 하기를 원하는지 명확하게 표현하지 않는 경향이 있다. 대신 이들은 자녀에게 분노와 참을 수 없다는 표현 등을 전달한다. 이런 부모는 자녀를 더 엄하게 처벌하는 경우가 많은데, 이런 처벌이 역의 효과를 갖는 것은 처벌을 숙련되지 못하게 사용하기 때문이다(Patterson, 1982: 227). 만약 부정적인 인생사건을 경험하며 혼란해하고 있는 아이들에게, 감정에 따라 행동하는 부모가 아이들의 행동에 대한 적절한 반응이 아니라 분노로 반응한다면, 아이들은 비행이라는 궤적으로 진입할 가능성이 높을 것이다. 즉 감정에 따라 행동하는 신체적 처벌이나 심한 욕설은 잘못된 부모훈육의 예라고 할 수 있는데, 이러한 잘못된 부모훈육은 자녀의 반사회적 행동의 위험요인이 되는 것이다. 잘못된 부모훈육은 자녀가 성장할수록 부모의 행동에서 부적절하다고 생각하는 부분이 생길 수 있으며, 이러한 상황에서는 부모의 권위를 인정하지 않을 수 있고 비행을 행할 수 있다(Gruse & Goodnow, 1994: 12). 과도하고 즉흥적인 처벌, 특히 욕설이나 폭행을 수반한 처벌은 자녀의 비행을 촉진시키는 직접적인 요인이다(민수홍, 1998; 이성식, 2001). 훈육의 수단으로 사용되는 부모의 폭력을 자녀가 학습하게 됨으로써, 그 결과 폭력적인 비행을 저지를 가능성은 높아진다(Patterson,1982). 부모의 지나친 체벌과 폭언 등은 잘못된 학습 과정으로 그 자체가 공격적인 행동의 본보기로 비행에 대한 긍정적인 훈육효과를 지니지 못할 뿐만 아니라, 자녀의 비행을 유발하는 요인, 즉 위험요인으로 작용할 수 있는 것이다. 영국 그리고 스칸디나비아 국가들을 비교분석한 연구에서도 난폭하고 변덕스러우며 일관되지 않은 집안의 규율과 훈육이 비행을 유발하는 매우 의미 있는 요인으로 나타났다(Loeber & Staouthamer – Loeber, 1986).

3. 분석틀

본 연구는 인생사건이 비행시작에 미치는 주 효과와 인생사건이 비행시작에 미치는 주 효과가 일정한 조건하에 어떻게 변화하는지를 고찰해보고자 한다.

먼저, 인생사건이 비행시작에 미치는 주 효과를 살펴보고자 한다.

인생사건이란 일상의 여러 가지 경험 중 어떠한 상태에서의 궤적이 이와는 다른 형태의 궤적으로 이행하는 과정에 영향을 미치는 계기적 사건이나 경험이다. "청소년기에 정상적인 것은 그 자체로서 비정상적이다."라는 격언처럼 청소년기는 위기와 갈등의 기간이라고 할 수 있다. 위기와 갈등의 시기인 청소년기에 부모의 이혼, 사망, 재혼, 실업 등과 같은 부정적 인생사건을 경험한다면, 청소년들이 비행의 궤적에 쉽게 진입하게 되는지를 살펴보고자 한다.

이를 가설적 형태로 나타내면 다음과 같다.

<가설 1> 청소년들의 인생사건은 비행시작에 영향을 미칠 것이다.

발전 – 생애과정범죄학에서는 시간의 흐름에 따라 주요변인의 영향력이 변화한다고 하는데, 과연 인생사건도 청소년발달단계에 따라 비행시작에 미치는 영향에 차이가 존재하는지를 확인해보고자 한다. 이

를 위해 청소년발달단계를 한국 사회의 조건에 근거하여, 중학교시기와 고등학교시기로 구분하여 살펴보고자 한다.

마지막으로, 친사회적 행동궤적에 있던 청소년들이 비행 궤적으로 전이하게 하는 인생사건에는 어떤 것이 있는지, 인생사건을 하위 차원으로 나누어서 구체적으로 살펴보고자 한다. 이를 위해 청소년들의 성장과정에서 경험하는 특수한 사건들 중에서 정서발달에 커다란 영향을 미치는 인생사건들을 가족 내적 사건과 가족 외적 사건으로 구분한다. 가족 내적 사건은 다시 '부모의 자발적 사건', '부모의 비자발적 사건'으로, 가족 외적 사건은 '불이익적 사건'으로 유형화한 후, 이러한 유형들이 비행시작에 미치는 영향을 살펴보고자 한다.

다음으로, 인생사건이 비행시작에 미치는 주 효과가 일정한 조건하에 어떻게 변화하는지를 살펴보고자 한다.

기존 연구들에서는 인생사건을 경험한 청소년들과 인생사건을 경험하지 않은 청소년들과의 비교연구가 대부분이었다. 하지만 본 연구에서는 인생사건을 경험한 청소년들 가운데 어떤 청소년들은 과거와 똑같은 적응적인 생활을 하는데, 왜 어떤 청소년들은 반사회적 행동 궤적으로 변화하는지를 확인하고자 한다. 이를 위해 인생사건이 비행시작에 미치는 영향을 조절하는 요인으로 사회유대이론과 사회학습이론을 재구성하여 살펴볼 것이다.

첫째, 청소년들이 부정적인 '인생사건'을 경험하게 되면, 비행경로로 진입할 가능성이 높아진다. 하지만 청소년들의 주변 환경에 비행을 억제할 수 있는 유대의 끈이 있다면, 부정적 인생사건이 비행시작에 미치는 영향은 억제될 것이다. 따라서 사회유대요소인 '부모애착', '교사애착', '성적'이라는 일정한 조건하에서 인생사건이 비행시작에 미치는 영향의 변화를 살펴볼 것이다. '부모애착', '성적', '교사애착'

이 부정적 인생사건을 경험하고도 비행으로 진입하지 않도록 통제하거나, 비행으로의 진입을 완화하거나 비행진입가능성을 낮추는 보호적 기능을 하는지를 살펴보고자 한다.

둘째, 부정적 인생사건 때문에 혼란해하거나 정서적 충격으로 당황한 상황에서 비행친구가 곁에 있다면 비행으로 이끄는 계기가 될 수 있으며, 부모가 감정적으로 신체적 처벌이나 욕설을 한다면 청소년들은 비행에 진입할 가능성이 높을 것이다. 이처럼 '비행친구'와 '잘못된 훈육'이라는 조건이 인생사건이 비행시작에 미치는 영향을 가속시키는 위험적 기능을 하는지를 살펴보고자 한다.

이를 각각 가설적 형태로 나타내면 다음과 같다.

<가설 2> 인생사건은 보호요인에 따라 비행시작에 미치는 영향에 차이가 있을 것이다.

<가설 3> 인생사건은 위험요인에 따라 비행시작에 미치는 영향에 차이가 있을 것이다.

마지막으로 인생사건이 비행시작에 미치는 영향을 조절하는 위험요인과 보호요인 모두를 고려하여 종합 분석하고자 한다. 이를 가설적 형태로 나타내면 다음과 같다.

<가설 4> 보호요인은 인생사건이 비행시작에 미치는 부정적 영향을 완화하며, 또한 위험요인은 인생사건이 비행시작에 미치는 부정적 영향을 강화할 것이다.

이와 같이 제시한 가설검증을 위한 종합적 분석틀은 다음과 같다.

보호요인
부모애착
교사애착
학업성취
인생사건
가족내적사건 – 부모자발적사건
– 부모비자발적사건
가족외적사건 – 불이익적사건
조절효과
조절효과
비행시작
위험요인
비행친구
질못된 훈육

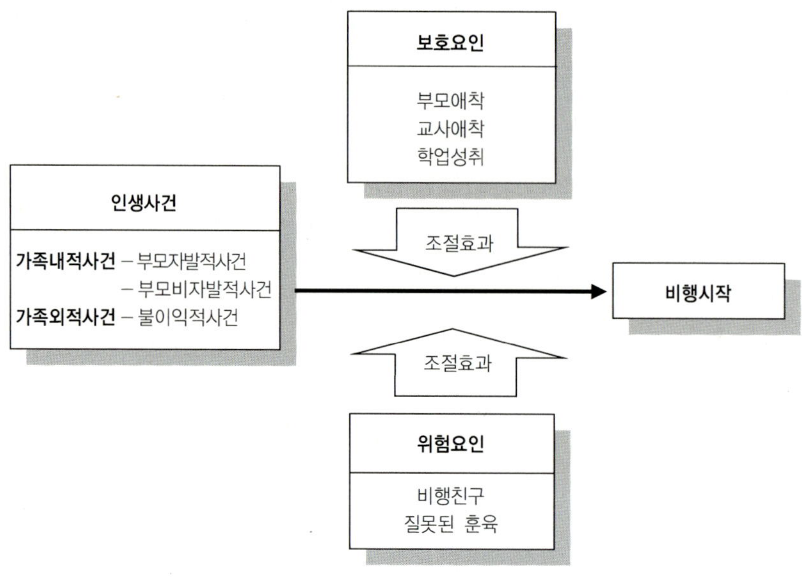

〈그림 2-4-1〉 종합 분석틀

■■■ 제3부 연구방법

1. 분석자료

본 연구에서 사용된 자료는 한국청소년정책연구원의 '한국청소년 패널조사(Korea Youth Panel Survey)'이다. '한국청소년패널조사'는 다 중전망적 패널설계(multiple point prospective panel design)하에 2003년 기준 표본으로 선정된 전국의 중학교 2학년 청소년들과 학부모들을 대상으로 향후 6년간 동일표본 반복 추적조사의 방법으로 조사한 자 료이다. 현재 '한국청소년패널조사'는 2003년 조사시작 시점에서 2007 년까지 4차까지 자료가 수집되어 있다. 그러나 본 연구에서 주목하고 있는 인생사건은 중학교 2학년 청소년들을 대상으로 2006년도(3차)에 만 한시적으로 조사하였다. 그러므로 본 연구에서는 인생사건 자료가

있는 중학교 2학년 청소년들의 1차(2003), 2차(2004), 3차(2005) 자료
만을 사용할 것이다.

1) 표집방법

'한국청소년패널조사'는 층화다단계집락표집(stratified multi-stage
cluster sampling) 방식으로 2003년 4월 1일 교육통계연보에 나타난 제
주도를 제외한 12개 특별시·광역시·도별로 지역별 층화를 한 후
12개 특별시·광역시·도별 중학교 2학년 학생 수에 비례해 지역별
목표 표본 수를 할당한다. 원래 목표 표본 수는 3,000명(제주도 포함)
이었으나, 연구진행과정에서 제주도 지역을 포함하지 않음으로 인해
총 목표 표본 수는 2,967명으로 상정하였다. 12개 특별시·광역시·
도별 목표 표본 수에 따른 학교 수를 결정하였다. 1개 학교에서 1개
학급 전원을 조사하므로, 12개 특별시·광역시·도별 학급당 평균 학
생 수를 기준으로 추출 학교 수를 결정하였으며, 추출 학교 수 결정
시 15% 초과 추출하였다. 학교는 학교별 중학교 2학년 학생 수를 반
영한 규모비례확률표집법에 의해서 추출하였다. 즉 12개 시도별로 중
학교 리스트를 정렬하고, 12개 시도별 중학교 학생 수를 누적하여 12
개 시도별 전체 중학교 학생 수를 정해진 학교 수로 나눠 추출간격을
결정한 후 난수를 발생시켜 starting point를 정한 후 추출간격에 해당
되는 학교를 추출하였다. 단 실사가 불가능한 도서지역과 중학교 2학
년 학급당 평균 학생 수가 20인 미만인 학교는 제외하였다. 추출된 학
교의 중학교 2학년 학급 수에서 난수를 발생시켜 1개 학급을 무작위
로 추출하였다. 사전학교 섭외과정에서 우열반 등 특별편성이 되어

있는 학급은 제외하였으며 추출된 학교 측의 조사협조 거절로 학교방
문조사가 불가능한 경우, 학교리스트에서 추출된 학교의 아래위, 학교
순으로 대체하였다. 또한 학교 거절을 고려해 사전에 2순위 대체학교
를 추출하였다. 2순위에서도 조사가 불가능할 경우 3순위학교로 대체
하였다.

위와 같은 표집방법 결과 1차 연도 최종표본으로 선정·구축된
3,449명의 청소년들 및 부모를 조사하여 1년마다 표본을 추적 조사하
여 자료를 수집하고 있다.

2) 조사방법 및 조사내용

조사방법은 청소년들의 경우 1차 연도는 기본적으로 학교방문을
통한 집단면접조사를 하였으나, 일탈변수의 측정을 위해서는 자기기
입식(self-reported) 방식을 이용하여 면접조사원이 응답관리를 하였
다. 2차 연도부터는 개인별 추적을 통한 개별면접조사를 실시하였으
나, 일탈변수의 경우에는 1차 연도와 동일하게 자기기입식을 이용하
였다. 부모의 경우에는 전화면접조사가 실시되었다.

학생조사의 설문은 직업선택, 진로설정, 진로준비, 여가, 일탈, 생활
영역별 시간배분 및 중요도, 자아관 등을 포함하고 있다. 부모조사의
경우에는 전화조사에 적합하도록 최소한 분량으로 이루어지며 설문
내용으로는 부모와의 동거 여부와 부모의 학력, 부모의 직업, 부모의
근로형태, 월평균가구소득, 월평균 사교육비와 주거 형태 등으로 청소
년들이 응답하기에 어려운 설문 문항을 포함하고 있다.

조사는 매년 10월 23일에서 12월 31일 사이에 실시하였다.

3) 원표본성공률 및 표본유지율

'한국청소년패널조사' 1차 연도 자료는 2003년 4월 1일 기준 교육통계연보에 나타난 전국의 중학교 2학년 청소년들을 모집단으로 층화다단계 집락표집방법에 의해 표본으로 뽑은 3,697명의 중학교 2학년 청소년들과 그들의 부모들을 대상으로 2003년 10월 27일부터 12월 20일까지 조사를 실시한 자료이다. 조사결과, 부모의 동의를 얻어 청소년들과 부모 모두를 성공적으로 조사한 경우는 3,697명의 93.3%인 3,449명이었고 이 가운데 남학생은 1,725명이고 여학생은 1,724명이다.

2차 연도 자료는 1차 연도 조사결과 최종표본으로 구축된 3,449명의 청소년 및 부모들을 대상으로 2004년 11월 15일에서 12월 31일까지 추적조사를 실시한 자료이다. 조사결과, 청소년을 기준으로 1차 연도 조사대상자 3,449명의 92.4%인 3,188명의 자료가 수집되었다.

3차 연도 자료는 1차 연도 조사결과 최종표본으로 구축된 3,449명의 청소년과 부모들을 대상으로 2005년 10월 20일부터 12월 20일까지 추적조사를 실시한 자료이다. 조사결과, 청소년을 기준으로 1차 연도 조사대상자 3,449명의 90.6%인 3,125명의 자료가 수집되었다.

패널조사의 성패는 표본탈락을 어떻게 최소화할 것인가에 달려 있다고 할 수 있다. '한국청소년패널조사'의 경우 3차 조사까지 탈락률은 10% 내외로, '사업체패널조사' 51.0%, '한국노동패널조사'의 19.0%, '한국교육고용패널조사' 14.0%에 비교해볼 때 낮은 수준임을 알 수 있다.

<표 3-1-1> 중2 패널 2차 연도 조사의 표본유지율

	조사대상 패널 수[1]	조사가능 패널 수	조사성공 사례 수	조사대상 패널 수 대비 조사성공 사례 수(%)	조사가능 패널 수 대비 조사성공 사례 수(%)
서울특별시	587	573	528	89.9%	92.1%
인천광역시	199	196	185	93.0%	94.4%
경기도	773	765	675	87.3%	88.2%
강원도	123	123	103	83.7%	83.7%
대전광역시	102	102	99	97.1%	97.1%
충청도	255	254	245	96.1%	96.5%
광주광역시	137	136	132	96.4%	97.1%
전라도	249	247	231	92.8%	93.5%
부산광역시	255	253	246	96.5%	97.2%
울산광역시	106	106	105	99.1%	99.1%
대구광역시	212	212	201	94.8%	94.8%
경상도	451	450	438	97.1%	97.3%
합계	3,449	3,417	3,188	92.4%	93.3%

1) 전학으로 인해 전년도 대비 지역별 조사대상 패널 수 변동
※ 조사대상 패널 수(3,449명) 대비 청소년 조사성공 사례 수(3,188명)의 비율: 92.4%
※ 조사대상 패널 수(3,417명) 대비 청소년 조사성공 사례 수(3,188명)의 비율: 93.3%
※ 조사대상 패널 수(3,449명) 대비 청소년·부모 조사성공 사례 수(3,106명)의 비율: 90.1%
※ 조사대상 패널 수(3,417명) 대비 청소년·부모 조사성공 사례 수(3,106명)의 비율: 90.9%

<표 3-1-2> 중2 패널 3차 연도 조사의 표본유지율

	조사대상 패널 수[1]	조사가능 패널 수	조사성공 사례 수	조사대상 패널 수 대비 조사성공 사례 수(%)	조사가능 패널 수 대비 조사성공 사례 수(%)
서울특별시	600	584	520	86.7%	89.0%
인천광역시	198	191	175	88.4%	91.6%
경기도	775	761	685	88.4%	90.0%
강원도	121	119	107	88.4%	89.9%
대전광역시	102	101	97	95.1%	96.0%
충청도	249	247	237	95.2%	96.0%
광주광역시	138	137	124	89.9%	90.5%
전라도	241	238	221	91.7%	92.9%

	조사대상 패널 수[1]	조사가능 패널 수	조사성공 사례 수	조사대상 패널 수 대비 조사성공 사례 수(%)	조사가능 패널 수 대비 조사성공 사례 수(%)
부산광역시	254	250	234	92.1%	93.6%
울산광역시	108	107	105	97.2%	98.1%
대구광역시	215	214	190	88.4%	88.8%
경상도	446	442	429	96.2%	97.1%
제주도	2	2	1	50.0%	50.0%
합계	3,449	3,393	3,125	90.6%	92.1%

1) 전학으로 인해 전년도 대비 지역별 조사대상 패널 수 변동
※ 조사대상 패널 수(3,449명) 대비 청소년 조사성공 사례 수(3,125명)의 비율: 90.6%
※ 조사대상 패널 수(3,393명) 대비 청소년 조사성공 사례 수(3,125명)의 비율: 92.1%
※ 조사대상 패널 수(3,449명) 대비 청소년 · 부모 조사성공 사례 수(3,081명)의 비율: 89.3%
※ 조사대상 패널 수(3,393명) 대비 청소년 · 부모 조사성공 사례 수(3,081명)의 비율: 90.8%

2. 탈락표본과 유지표본: 비행차이

패널자료에 대한 이용가능성의 증대는 지난 30년간 응용사회과학 연구에 있어서 가장 중요한 발전이었다고 일컬어진다. 패널자료는 다양한 이슈들을 광범위하게 다루면서도 동일한 표본을 반복 조사한다는 점에서 횡적 자료와 시계열 자료의 장점을 동시에 갖고 있기 때문이다. 즉 '미관측 이질성(Unobserved Heterogeneity)'을 통제함으로 보다 엄밀한 조건에서 사회경제적 변수들의 효과를 측정할 수 있다.

그러나 패널조사는 횟수가 반복됨에 따라 응답에 대한 피로감이 누적되면서 응답기피 현상이 나타날 수 있다. 그러므로 막대한 예산과 인원이 투입되는 패널조사의 성공을 위한 전제조건으로 가장 중요시되는 문제가 바로 '어떻게 표본이탈을 최소화할 것인가'라는 과제이다. 조사 횟수가 늘어남에 따라 증가하는 표본이탈은 조사의 장기적

인 지속가능성을 어렵게 할 뿐만 아니라, 만일 그러한 이탈이 특정집
단에 집중되어 있거나 체계적인 패턴을 가지고 있을 때에는 조사의
대표성을 훼손할 수도 있다.

　다행히 '한국청소년패널조사'의 경우 3차 조사까지 탈락률은 10%
내외로 낮은 탈락률을 보이고 있어, 높은 원표본유지율을 지니고 있
다. 그러나 여전히 탈락한 표본이 일정한 편향성을 지닐 개연성이 있
으므로 본격적인 분석에 앞서 '비행'과 관련하여 유지표본과 탈락표
본 사이에 차이가 존재하는지를 검토해볼 필요가 있다.

　<표 3-1-3>은 3년 동안 조사에 참여한 학생들과 패널에서 탈락
한 학생들의 1차 연도 비행 정도를 비교한 결과이다. <표 3-1-3>
의 결과를 살펴보면 통계적으로 유의미하게 나타난 것은, 흡연, 무단
결석, 이성과의 성관계 세 항목이다. 흡연과 이성과의 성관계의 경우
2차 연도에 탈락한 학생, 3차 연도에 탈락한 학생이 높은 비율을 보이
고, 무단결석의 경우에는 3차 연도에 탈락한 학생이 높은 비율을 보
인다. 그러나 3년 동안 조사에 참여한 학생들과 패널에서 탈락한 학
생들의 집단 간에 차이를 보이는 부분이 있기는 하지만 그 정도가 그
리 크지 않았다.

〈표 3-1-3〉 패널에서 탈락한 학생들의 1차 연도 비행실태비교

명(%)

비행종류	패널에 탈락한 학생유형			패널유지학생	계	x^2 검증
	1차 참여 2차 탈락 3차 탈락	1차 참여 2차 탈락 3차 참여	1차 참여 2차 참여 3차 탈락	1차 참여 2차 참여 3차 참여		
담배피우기	30(19.6)	14(13.0)	29(17.0)	383(12.8)	458(13.3)	8.05[*]
술마시기	47(30.7)	29(26.9)	55(32.2)	926(30.7)	1057(30.6)	.92n.s.
무단결석	8(5.2)	5(4.6)	20(11.7)	134(4.4)	167(4.8)	18.55[***]
가출경험	9(5.9)	2(1.9)	12(7.0)	116(3.8)	139(4.0)	6.90n.s.

비행종류	패널에 탈락한 학생유형			패널유지학생	계	x^2 검증
	1차 참여 2차 탈락 3차 탈락	1차 참여 2차 탈락 3차 참여	1차 참여 2차 참여 3차 탈락	1차 참여 2차 참여 3차 참여		
성관계경험	5(3.3)	2(1.9)	4(2.3)	27(0.9)	38(1.1)	10.73[*]
심하게 때리기	16(10.5)	16(14.8)	19(11.1)	259(8.6)	310(9.0)	6.43n.s.
패싸움	11(7.2)	6(5.6)	14(8.2)	156(5.2)	187(5.4)	3.86n.s.
돈/물건 뺏기	8(5.2)	12(11.1)	8(4.7)	161(5.3)	189(5.5)	6.96n.s.
돈/물건 훔치기	5(3.3)	6(5.6)	12(7.0)	216(7.2)	239(6.9)	3.74n.s.
심하게 조롱하기	23(15.0)	17(15.7)	25(14.6)	447(14.8)	512(14.8)	.08n.s.
협박하기	10(6.5)	4(3.7)	7(4.1)	127(4.2)	148(4.3)	2.03n.s.
왕따시키기	24(15.7)	19(17.6)	30(17.5)	416(13.8)	489(14.2)	3.29n.s.
성폭행	1(0.7)	0(0.0)	0(0.0)	10(0.3)	11(0.3)	1.45n.s.
기준사례 수	153	108	171	3017	3449	

* p<.05, ** p<.01, *** p<.001 수준에서 유의미   n.s.＝not significant
※ 이 표에서 셀 안의 숫자는 교차분석에서 해당 항목을 한 적이 있는 학생들의 수와 비율이다. 제일 아래표의 기준사례 수는 각 유형에 속하는 학생들의 수로서 셀의 %를 계산하는 기준(분모)이 된다.

이러한 결과를 통해 '한국청소년패널조사'의 유지표본을 이용하여 비행을 분석할 때 표본의 탈락으로 인한 편향성이 분석결과에 미치는 수준은 특히 문제가 될 정도는 아닌 것으로 판단할 수 있다.

3. 비행시작과 '한국청소년패널조사'

본 연구에서는 인생사건이 비행시작에 미치는 영향을 '한국청소년패널조사' 자료를 이용하여 살펴보고자 한다. 여기서 비행시작이란 비행경력의 첫 단추로써 비행의 개시라고 할 수 있다. 즉 이전에는 비행을 경험하지 않은 청소년들 중 어떤 비행이든 비행을 처음으로 저지른 청소년이 본 연구의 대상이다. 비행경력의 첫 단추인 비행시작을 확인하기 위해서는 과거에 비행을 하지 않았다는 것을 확인할 수 있어야 한다. 이를 위해서는 시계열적 자료가 필요하다. 그러므로 행위의 시간적 변화와 추세를 파악할 수 있는 자료인 '한국청소년패널조사'는 비행시작을 연구하는 데 가장 적합한 자료라고 할 수 있다.

제2장
변인의 측정

1. 인생사건의 측정

본 연구에서 인생사건이란 청소년들이 발달과정에서 겪을 수 있는 다양한 사건들 가운데 그들의 정서적 발달에 커다란 영향력을 발휘할 수 있는 경험들을 의미한다. 인생사건은 가족과 관련된 열두 가지 사건과 가족과 관련된 사건 이외에 청소년들 생활에 큰 변화를 줄 수 있는 두 가지 사건으로 분류하였다. 그리고 가족과 관련된 사건은 '가족 내적 사건'으로 가족과 관련이 없는 사건은 '가족 외적 사건'으로 정의하였다.

가족과 관련된 사건인 가족 내적 사건은 다시 '부모의 의지'에 따라 두 가지로 구분하였다. 부모의 의지에 의해 변화가능성이 있는 사건은 '부모 자발적 사건'으로, 부모의 의지에 관계없이 결정되는 사건은 '부모 비자발적 사건'으로 분류하였다.

그리고 가족 외적 사건은 '불이익적 사건'으로 좀 더 구체화하여 정의하였다. 여기서 '불이익적 사건'이란 타인의 부정적 반응에 직면하게 되면서 맞닥뜨리는 생활의 삐거덕거림이라고 할 수 있다.

본 연구의 독립변인인 '인생사건'은 다음과 같이 측정되었다.

"다음은 지금까지 살아오면서 있었을 수도 있는 <u>나의 생활에 큰 변화를 줄 수 있는 사건</u>에 관한 것입니다. 왼편에 제기된 사건 가운데 학생에게 일어난 사건이 있는지 확인하시고 발생 여부와 그 사건이 처음 일어난 때가 언제였는지를 기재해주십시오."라는 질문문항 중에서 '부모님의 별거', '부모님의 이혼', '아버지의 재혼', '어머니의 재혼', '아버지의 가출', '어머니의 가출' 6개 항목으로 부모의 자발적 사건을 측정하였다. 부모의 비자발적 사건은 '아버지의 사업실패', '어머니의 사업실패', '아버지의 실직', '어머니의 실직', '아버지의 사망', '어머니의 사망' 6개 항목으로 구성하였다. '학교선생님으로부터의 치욕적인 대우나 구타', '친구 부모나 이웃 어른들로부터 심하게 야단을 맞음'으로 불이익적 사건을 구성하였다.

<표 3-2-1> 인생사건

가족 내적 사건	부모의 비자발적 사건	아버지 사업실패
		어머니 사업실패
		아버지 실직
		어머니 실직
		아버지 사망
		어머니 사망
	부모의 자발적 사건	부모 별거
		부모 이혼
		아버지 재혼
		어머니 재혼
		아버지 가출
		어머니 가출
가족 외적 사건	불이익적 사건	학교선생님 치욕적 대우
		친구 부모에게 야단맞음

2. 보호요인 및 위험요인 측정

1) 보호요인: 부모애착, 교사애착, 학업성취

본 연구에서 보호요인은 허쉬(Hirschi, 1969)의 사회유대이론에 근거하여 부모애착과 교사애착 그리고 성적으로 구성하였다.[22]

부모의 애착은 '부모님과 나는 많은 시간을 함께 보내려고 노력하는 편이다', '부모님은 나에게 늘 사랑과 애정을 보이신다', '부모님과 나는 서로를 잘 이해하는 편이다', '부모님과 나는 무엇이든 허물없이 이야기하는 편이다', '나는 내 생각이나 밖에 있었던 일들을 부모님께

---

22) 본 연구에서 부모애착과 교사애착 그리고 성적은 2차 연도와 3차 연도 자료만을 사용한다. 그러므로 요인분석과 신뢰도분석을 2차 연도와 3차 연도 자료만을 사용하여 검증하였다.

자주 이야기하는 편이다', '부모님과 나는 대화를 자주 나누는 편이다' 6개 문항으로 '전혀 그렇지 않다' 1점에서 '매우 그렇다' 5점까지의 5점 척도로 측정하였다.

학업성취(이하 성적)는 비행의 통제요인의 하나인 관여(commitment)를 측정하는 지표로 사용되었다. 학생의 성적을 측정한 측정치는 학생이 직접 보고한 반등수, 학교등수, 전국규모 모의성적, 각 과목별 학급성적 네 가지가 있다. 이 중에서 학생의 성적을 측정하기에는 전국규모 모의성적이 가장 타당한 측정치라고 할 수 있지만 결측치가 4/5 이상 발견되기에 상용하는 데 문제가 있다. 또한 반등수와 학교등수는 상향평가 경향이 심해서 각 과목별 학급성적을 사용하려고 한다. 측정과목은 직전 학기의 국어, 수학, 영어성적으로 '매우 못하는 수준' 1점에서 '매우 잘하는 수준' 5점으로 5점 척도로 구성된다.

교사에 대한 애착은 '나는 선생님께 내 고민을 털어놓고 이야기할 수 있다', '선생님은 나에게 사랑과 관심을 보여주신다', '나는 장래에 선생님과 같은 사람이 되고 싶다' 문항으로 응답은 '전혀 그렇지 않다'의 1점에서 '매우 그렇다' 5점까지의 5점 척도로 측정한다.

이상과 같은 질문에 대한 응답결과를 토대로 앞서 이론적 논의에서와 같이 보호요인을 '부모애착', '교사애착'으로 구분하는 것이 척도로서의 적합성을 가지고 있는지를 알아보기 위해 요인분석 및 신뢰도 검증을 실시하였다. 먼저 신뢰도분석을 한 결과를 살펴보면, <표 3-2-2>와 같이 부모애착과 교사애착 모두 2차 연도, 3차 연도 두 시점에서 신뢰도 값이 상당히 높았다. 부모애착과 교사애착은 척도로서 충분히 높은 신뢰도를 갖고 있는 것으로 볼 수 있다.

〈표 3-2-2〉 부모애착과 교사애착의 신뢰도검증

	2차 연도	3차 연도
부모애착 신뢰도계수	.882	.882
교사애착 신뢰도계수	.725	.794

　　한편 부모애착과 교사애착의 하위 차원이 올바르게 구분되는가의 타당성을 검증하기 위해서 요인분석을 실시했다. 요인분석 결과 <표 3-2-3>에서 볼 수 있듯이, 부모애착과 교사애착은 두 요인으로 뚜렷하게 구분됨을 볼 수 있다. 요인 1은 부모애착으로 요인 2는 교사애착으로 볼 수 있다. 이러한 요인분석의 결과는 3차년에서도 유사하게 나타나고 있다.

〈표 3-2-3〉 부모애착과 교사애착에 대한 요인분석

	2차 연도		3차 연도	
	요인 1	요인 2	요인 1	요인 2
부모님과 나는 많은 시간을 함께 보내려고 노력하는 편이다.	.772	.068	.763	.082
부모님은 나에게 늘 사랑과 관심을 보이신다.	.746	.055	.740	.063
부모님과 나는 서로를 잘 이해하는 편이다.	.816	.078	.810	.083
부모님과 나는 무엇이든 허물없이 이야기하는 편이다.	.808	.101	.812	.097
나는 내 생각이나 밖에서 있었던 일들을 부모님께 자주 이야기하는 편이다.	.762	.099	.775	.036
부모님과 나는 대화를 자주 나누는 편이다.	.835	.052	.848	.027
나는 선생님께 내 고민을 털어놓고 이야기할 수 있다.	.099	.767	.096	.767
선생님은 나에게 사랑과 관심을 보여주신다.	.101	.835	.108	.832
나는 장래에 선생님과 같은 사람이 되고 싶다.	.031	.799	-.005	.820
Eigen-value	3.920	1.810	3.899	1.867
설명력	43.552	20.109	48.323	20.744
누적설명력	43.552	63.661	43.323	64.066

2) 위험요인: 비행친구, 잘못된 훈육

위험요인은 비행친구와 잘못된 훈육으로 분류하여 측정하였다.

친구관계는 친한 친구와 보통친구로 구분될 수 있다. 친구관계와 비행관계를 살펴보면, 관계의 빈도가 높을 때, 관계기간이 오랫동안 지속될 때 그리고 관계의 우선순위와 밀도가 높을 때 청소년의 행동에 대한 친구의 영향은 크게 나타난다. 따라서 친한 친구의 영향이 보통친구의 영향보다 크게 나타난다(Weerman & Smeenk, 2005; 정혜원·박정선, 2008 재인용). 따라서 본 연구에서는 매우 친한 친구 중에서 비행행동 경험이 있는 친구를 비행친구로 정의하였다.

비행친구[23]는 '다음 문항은 여러분의 매우 친한 친구에 대한 질문입니다. 여기서 매우 친한 친구란 평소에 잘 어울리고 친하게 지내는 사람으로서 학교친구, 동네친구 및 선후배도 포함될 수 있습니다. 그런 모든 친구들을 생각하시면서 질문에 응답하시기 바랍니다. 그 친구들 중에서 학교에서 근신, 정학 또는 퇴학 등 처벌을 받은 경험이 있는 친구는 몇 명이나 됩니까?', '그 친구들 중에서 경찰서에 잡혀간 적이 있는 친구는 몇 명이나 됩니까?', '친구들 중 지난 1년 동안 술을 마신 친구의 수', '친구들 중 지난 1년 동안 담배를 피운 친구의 수', '친구들 중 지난 1년 동안 무단결석을 한 친구의 수', '친구들 중 지난 1년 동안 다른 사람을 심하게 때린 친구의 수', '친구들 중 지난 1년 동안 남의 돈이나 물건을 뺏은(뼁뜯기) 친구의 수', '친구들 중 1년 동

---

23) '한국청소년패널조사'에서 비행친구의 측정은 미국의 종단적 자료 또는 패널자료들이 사용한 측정문항과는 약간 다르다. 미국의 경우 친구들이 비행행동을 한 빈도를 측정하여 비행친구의 척도로 사용하지만 (Matsudea, 1998), '한국청소년패널조사'에서는 비행행동을 한 친구의 수를 사용하고 있다. 이러한 측정의 차이는 미국에서 비행친구의 측정에서 제기되는 문제들을 비껴갈 수 있는 기회를 제공할 것으로 보인다. 미국의 측정에서는 비행친구의 측정이 사실상 본인의 비행을 반영하는 것이라고 주장하는 등 측정오차에 관한 문제제기가 자주 발생하고 있다(노성호, 2006).

안 남의 돈이나 물건을 훔친 친구의 수'를 각 항목으로 측정하였다. 그리고 각 항목의 비행친구 숫자를 '없다', '1~2명 있다', '많이 있다', '아주 많이 있다'로 4점 척도로 재구성하여 사용하였다.

잘못된 훈육은 자녀에 대한 부모의 양육태도 중 부모의 지나친 체벌을 통해 측정한다. 잘못된 훈육은 '나는 부모님으로부터 심한 욕설을 자주 듣는 편이다', '나는 부모님으로부터 심하게 맞은 적이 많이 있다'이다. 이 역시 '전혀 그렇지 않다' 1점에서 '매우 그렇다'의 5점으로 구성된다. 점수가 높을수록 잘못된 훈육을 더 많이 경험하고 있는 것이다.

이상과 같은 질문에 대한 응답결과를 토대로 '비행친구'와 '잘못된 훈육'으로 구분하는 것이 척도로서 적합성을 가지고 있는지를 알아보기 위해 요인분석과 신뢰도분석을 하였다.

〈표 3-2-4〉 비행친구와 잘못된 훈육의 신뢰도검증

	2차 연도	3차 연도
비행친구 신뢰도계수	.900	.779
잘못된 훈육 신뢰도계수	.834	.785

신뢰도분석을 한 결과, 비행친구와 잘못된 훈육의 신뢰도 값은 충분히 높으며, 이 척도는 신뢰할 수 있는 것으로 볼 수 있다. 이러한 신뢰도검증은 3차년에도 유사하게 나타나고 있다.

한편 비행친구와 잘못된 훈육의 하위 차원이 올바르게 구분되는가의 타당성을 검증하기 위해서 요인분석을 실시했다. 요인분석 결과 <표 3-2-5>에서 볼 수 있듯이, 비행친구와 잘못된 훈육은 두 요인으로 뚜렷하게 구분됨을 볼 수 있다. 요인 1은 5.201의 고유값과 52.0%가량의 설명력을 보였다. 요인 2는 1.673의 고유값과 16.7%의 설명력을 보였다. 이러한 결과를 통해 요인 1은 비행친구로, 요인 2는 잘못된 훈육으로 볼 수 있다. 이러한 요인분석의 결과는 3차년에서도 유사하게 나타나고 있다.

〈표 3-2-5〉 잘못된 훈육과 비행친구에 대한 요인분석

	2차 연도		3차 연도	
	요인 1	요인 2	요인 1	요인 2
나는 부모님으로부터 심한 욕설을 자주 듣는 편이다.	.057	.924	.029	.903
나는 부모님으로부터 심하게 맞은 적이 많이 있다.	.065	.923	.075	.903
친구들 중에서 학교에서 근신, 정학 또는 퇴학 등 처벌을 받은 경험이 있는 친구는 몇 명이나 됩니까?	.774	.021	.572	.131
친구들 중에 경찰서에 잡혀간 적이 있는 친구는 몇 명이나 됩니까?	.767	.024	.762	.001
친구들 중 지난 1년 동안 술을 마신 친구의 수	.788	.100	.715	.072
친구들 중 지난 1년 동안 담배를 피운 친구의 수	.864	.092	.794	.098
친구들 중 지난 1년 동안 무단결석을 한 친구의 수	.818	.046	.736	.032
친구들 중 지난 1년 동안 다른 사람을 심하게 때린 친구의 수	.852	.062	.708	.032
친구들 중 지난 1년 동안 남의 돈이나 물건을 뺏은(삥뜯기) 친구의 수	.849	.050	.544	−.010
친구들 중 지난 1년 동안 남의 돈이나 물건을 훔친 친구의 수	.678	.039	.554	−.002
Eigen-value	5.201	1.673	3.758	1.610
설명력	52.013	16.727	37.583	16.097
누적설명력	52.013	68.741	37.583	53.680

3) 보호요인 및 위험요인

사회유대이론에서 중요하게 검증되었던 비행억제요인인 부모애착, 교사애착, 성적과 사회학습이론에서 비행유발요인으로 검증되었던 비행친구와 잘못된 훈육이 각각 서로 다르게 분류될 수 있는지를 요인분석을 통해 살펴보고자 한다.

요인분석 결과, 2차 연도와 3차 연도 모두 2개의 요인으로 구성되

었으며, 요인 1은 부모애착, 교사애착, 성적으로 구성되었고, 요인 2는 비행친구와 잘못된 훈육으로 구성되었다. 2차 연도의 경우 요인 1은 1.302의 고유값과, 30.9%가량의 설명력을 보였고, 요인 2는 1.042의 고유값과 20.8%가량의 설명력을 보였다. 3차 연도의 경우 요인 1은 1.572의 고유값과, 31.4%가량의 설명력을 보였고, 요인 2는 1.062의 고유값과 21.3%가량의 설명력이 나타났다.

〈표 3-2-6〉 보호요인과 위험요인의 요인분석 결과

항목	2차 연도		3차 연도	
	요인 1	요인 2	요인 1	요인 2
부모애착	.623	-.419	.433	-.613
교사애착	.826	.288	.824	.147
성적	.456	-.302	.627	-.221
비행친구	-.042	.619	-.038	.499
잘못된 훈육	-.085	.754	.066	.823
Eigen-value	1.302	1.042	1.572	1.062
설명력	30.932	20.848	31.447	21.302
누적설명력	30.932	51.779	31.447	52.749

<표 3-2-6>의 결과를 통해, 2차 연도와 3차 연도 두 시점 모두에서 유사하게 두 개의 요인으로 뚜렷하게 구성됨을 확인하였다. 요인 1은 보호요인으로 비행을 억제하는 긍정적 영향관계를 보이는 변수들로 볼 수 있으며, 요인 2는 위험요인으로 비행을 유발하는 부정적 영향을 보이는 변수로 볼 수 있다.

3. 비행시작

　본 연구에서 설명하고자 하는 종속변수는 이전에는 비행[24]을 하지 않다가 어떤 비행이든 비행을 새롭게 시작한 경우이다. 이를 위해 1차 연도 조사 자료와 2차 연도 조사 자료 그리고 3차 연도 조사 자료를 조사대상자의 신분번호를 기준으로 결합하였다. 결합된 자료를 대상으로 '담배 피우기', '술 마시기', '무단결석', '가출경험', '성관계 경험', '다른 사람을 심하게 때리기', '패싸움', '남의 돈이나 물건을 뺏기', '남의 돈이나 물건을 훔치기', '남을 심하게 놀리거나 조롱하기', '남을 협박하기', '다른 친구를 집단 따돌림(왕따)시키기', '성폭행이나 성희롱하기'를 비행으로 구성하였다. 위의 비행은 행위자에게 단기적인 쾌락을 제공하며, 즉각적이고 손쉽다는 점에서 유사한 효능을 가지고 있다.

　물론 위의 비행들은 심각도에 따라 차이가 존재한다. 하지만 현실적으로 청소년들은 어떤 비행 한 가지를 반복적으로 하기보다는 다른 여러 비행을 서로 중복해서 저지른다. 따라서 하나의 비행을 시작했다는 것을 통하여 다른 비행도 시작하고 있다고 예측할 수 있다. 그러므로 비행을 심각도에 따라 구분할 필요는 없다고 보았다. 이런 이유로 비행을 심각도에 따라 구분하지 않고, '행위자에게 단기적인 쾌락을 제공'하며 '사회에서 해서는 안 되는 것을 한다'는 의미에서 비행

---

24) 비행행위와 관련하여 좀 구체적으로 살펴보면, 법률적으로 볼 때 청소년 비행(juvenile delinquency)은 청소년이 범한 모든 행위로서 어른에 의해 범해질 경우 범죄에 해당하는 행위를 지칭한다. 또한 형법으로 범하는 범죄행위뿐만 아니라 다른 종류의 행위들도 포함한다. 범죄라고 할 수 없는 다양한 행동유형들은 성인들의 경우 대체로 문제행동으로 볼 수 없지만 청소년들이 행할 경우 지역사회나 그 개인들에게 해가 될 수 있어 법집행기관이나 성인들의 관심 대상이 되는 행동들이다. 이를 지위비행(status offenses)이라고 한다. 본 연구에서는 형법을 비롯한 제반 법규반과 지위비행을 포함한 포괄적인 개념으로 사용한다(연성진, 2005).

을 하나의 틀로 정의하였다.

또한 본 연구는 비행소년[25]을 연구하는 것이 아니라, 비행이라는 궤적에 첫발을 내민 청소년들에 초점을 맞추고 있다. 즉 이전에는 비행을 한 번도 경험하지 않다가 어떤 비행이든 비행을 처음으로 저지른 청소년이 본 연구의 대상이다.[26]

이를 위해 1차 연도를 기준으로 해서 1차 연도뿐만 아니라 이전에도 비행을 하지 않은 청소년들 중에서 2차 연도에 비행을 시작한 청소년들을(중학교 3학년) 비행시작으로 구성하였다.[27] 또한 청소년들의 발달단계에 따라 인생사건이 어떻게 차이가 있는지 비교하기 위해, 1차 연도를 기준으로 해서 1차 연도뿐만 아니라 이전에도 비행을 하지 않았으며 2차 연도에도 비행을 하지 않은 청소년들 중에서 3차 연도에 처음 비행을 시작한 청소년들(고등학교 1학년 비행시작)도 연구의 대상으로 포함하였다.

〈표 3-2-7〉 비행시작

	1차 연도 이전	1차 연도	2차 연도	3차 연도
중학교 3학년 비행시작	×	×	O	
고등학교 1학년 비행시작	×	×	×	O

---

25) 비행소년이라고 규정할 때 어느 소년이 상당히 심한 정도의 비행행위를 지속적으로 고의적으로 행하였을 경우 비행소년으로 간주된다.

26) 본 연구의 대상은 비행행위(deviant behavior, delinquent act)가 아니라 비행행위를 처음으로 시작한 청소년이다. 비행행위를 처음으로 시작한 청소년들은 이후 비행소년이 될 수도 있고, 다시 정상적인 삶으로 돌아갈지도 모르는 청소년들이다.

27) 본 연구에서 종속변수로 사용되는 비행시작은 중학교 3학년인 15세를 기준으로 연구를 진행하고자 한다. 공식 통계에 의하면 14~15세의 범죄점유율이 1999년 19.9%에서 2005년 27.8%로 조금씩 상승하는 경향을 나타내고 있다(범죄백서, 2006). 나이 어린 청소년들의 범죄점유율이 조금씩 증가하고 있는 현상은 주목할 만한 부분이다. 그러므로 인생사건이 비행시작에 미치는 영향도 중학교시기를 중심으로 연구를 진행하고자 한다.

제3장
분석방법

본 연구는 '한국청소년패널조사(Korea Youth Panel Survey, KYPS)'를 이용하여 인생사건이 비행시작에 미치는 영향을 분석한다.

이를 위해 먼저 교차분석과 분산분석 그리고 독립표본 t-검정을 실시한다. 교차분석과 분산분석 그리고 독립표본 t-검정을 통해, 인생사건과 비행시작 그리고 보호요인 및 위험요인의 전반적인 실태를 파악한다.

둘째, 인생사건이 비행시작에 미치는 주 효과를 확인하기 위해 로지스틱회귀분석(Binary Ligistics Regression Analysis)을 실시한다.

셋째, 인생사건이 보호요인에 따라 비행시작에 미치는 영향에 차이가 있는지와 인생사건이 위험요인에 따라 비행시작에 미치는 영향에 차이가 있는지를 확인하고자 한다. 이를 위해 소집단 분석(subgroup analysis)을 실시한다.

소집단 분석이란 X_2를 조절변수로 하여 전체 표본을 여러 소집단으로 나누고 여러 소집단에서의 Y와 X_1의 차별적 관계를 직접적으로 검토하여 상호작용을 확인하려는 절차이다. 즉 전체 집단을 여러 소집단으로 나누어 각 소집단을 독립적으로 분석하려는 것이다(이유재, 1994: 195). 이러한 소집단 분석은 이용하기 쉽다는 장점을 가지고 있다. 또한 소집단 분석을 통해 X_2의 조절효과의 정확한 양상을 파악할 수 있다(Cohen & Cohen, 1983).

넷째, 인생사건이 비행시작에 미치는 영향을 조절하는 보호요인과 위험요인의 효과를 종합적으로 확인해본다. 이를 위해 인생사건과 보호요인의 상호작용변수, 인생사건과 위험요인의 상호작용변수를 만들어 비행시작에 미치는 영향을 로지스틱회귀분석을 통해 살펴본다.

인생사건과 보호요인, 인생사건과 위험요인의 상호작용효과 검증에서는 두 변수들의 원점수를 표준화시켜 사용한다. 상호작용효과를 추정함에 있어서 원점수를 사용할 경우 주요인 효과와 상호작용효과가 높은 상관관계를 가지게 되어 다중공선성(multicollinearity)이 발생하기 때문이다. 따라서 연속변수의 경우 원점수에서 평균을 빼준 편차점수(deviation score)를 이용하며, 더미변수의 경우 대비코딩(contrast coding)을 해준 후 분석을 실시한다(Aiken & West, 1998).

여기서 상호작용효과란 특정 독립변수가 종속변수에 미치는 영향이 다른 독립변수와 복합되어 일어나는 것을 의미한다. 상호작용효과의 수학적 의미는 실험설계행렬에서 대각선평균의 차이이다. 이러한 수학적 의미는 '상호작용효과'라는 개념이 독립변인들이 서로 결합하여 이루어내는 효과인데, 그 결합하는 방식이 합산적(additive)이 아니라 적산적(multiplicative)이라는 것을 뜻한다. 상호작용효과의 해석의 의미는 "한 요인의 효과가 다른 독립변인의 각 수준에서 동일하지 않다는 것이다."(노성호, 2005).

추가적으로 반복측정모형(GLM: Repeated Measure Model)과 대응표본 t - 검정 그리고 잠재성장모형(Latent Growth Model)[28]을 실시한다. 반복측정모형을 통해 중학생과 고등학생의 자기 통제 차이를 살펴본다. 그리고 대응표본 t - 검정을 통해서는 부모 자발적 사건을 경험하기 전과 부모 자발적 사건을 경험한 후에 청소년들의 주변 환경에 변화가 있는지를 알아본다. 마지막으로 잠재성장모형을 통해 부모애착이 초기에 남자청소년과 여자청소년 간에 차이가 있는지 그리고 청소년들이 성장함에 따라 부모애착 변화가 남녀별로 다른지를 추가적으로 확인해본다.

---

28) 잠재성장모형은 시간의 변화에 따른 개인의 변화와 개인 간 변화의 차이를 설명하는 예측요인의 분석이 가능한 연구방법이다(Duncan et al, 1999). 동일인을 4년 동안의 시간에 따라 반복 측정한 변인 Y는 다음과 같은 변화모형을 통해 나타낼 수 있다(Li et al, 2001). 여기서 τ_1은 초기수준을 나타내는 수치이고, Λ 행렬은 변화의 형태나 시간을 나타내는 계수이며, η_{1i}와 η_{2i}는 각각 개인의 초기 수준인 초기치와 시간의 변화에 따른 개인의 변화를 나타내는 변화율(slope)의 잠재변인이다. 그리고 ε_i는 측정오류이다. 변화모형은 Λ 행렬의 계수를 특정 값으로 놓음으로써 변화에 대한 다양한 형태를 살펴볼 수 있고, 이를 통해 변화에 대한 대립가설을 검증할 수 있다 $Y_i = \tau_y + \Lambda_y \eta + \varepsilon_i$ (박현수 · 정혜원, 2007).

$$\begin{pmatrix} y_1 \\ y_2 \\ y_3 \\ y_4 \end{pmatrix} = \begin{pmatrix} \tau_1 \\ \tau_2 \\ \tau_3 \\ \tau_4 \end{pmatrix} + \begin{pmatrix} 1 & t_1 \\ 1 & t_2 \\ 1 & t_3 \\ 1 & t_4 \end{pmatrix} \begin{pmatrix} \eta_i \\ \eta_b \end{pmatrix} + \begin{pmatrix} \varepsilon_1 \\ \varepsilon_2 \\ \varepsilon_3 \\ \varepsilon_4 \end{pmatrix}$$

■■■ **제4부**

연구결과

1. 연구대상자의 일반적 특성

1차 연도 자료를 이용하여 살펴본 연구대상자의 인구사회학적 특성을 <표 4-1-1>에 제시하였다.[29] 성별은 남자청소년 1,725명, 여자청소년 1,725명으로 각각 50%로 동일하였다.

청소년의 가구소득을 살펴보면, 300만 원 이상 500만 원 미만이 31.5%로 가장 많았으며 200만 원 이상 300만 원 미만이 28.8%로 그 다음 순으로 나타났다. 100만 원 이상 200만 원 미만이 전체의 16.3%

---

29) 연구대상의 인구사회학적 특성 중에 가구의 사회경제적 지위의 경우, 다른 청소년 연구자료에 비해 본 연구의 자료는 측정오차가 적은 자료라고 할 수 있다. 왜냐하면 보통 청소년들을 대상으로 하는 가구의 사회경제적 지위를 측정할 경우 청소년들이 부모의 학력, 가구수입을 정확히 알지 못해서 측정의 오류가 많았다. 하지만 본 자료는 부모들을 대상으로 직접 측정했다는 점에서 정확한 자료라고 할 수 있다(이경상 외, 2007).

를 차지하였으며, 500만 원 이상의 고소득자들은 전체의 12.9%인 것으로 나타났다.[30] 부모학력은 청소년의 아버지나 어머니 학력 중 높은 값을 측정하였고, 측정한 결과 고등학교 졸업이 44.7%로 가장 많은 수를 차지하였으며 대학교 졸업이 그 다음 순으로 30%를 차지하였다. 중학교 졸업 이하는 9.3%로 나타났으며, 대학원재학 이상은 전체의 7.5%를 차지하였다.

주택 소유 여부를 살펴보면 자기 집인 경우가 69.4%(2,356명), 전세 21.6%(732명), 월세 5.8%(198), 무상 1.1%(38명), 사택 1.7%(57명), 임대 0.4%(13명), 복지시설에 사는 청소년이 1명이었다.

청소년의 가족구성을 살펴보면 93.5%(3,222명)의 청소년들이 친아버지와 친어머니와 함께 살고 있는 것으로 나타나, 양친부모가정의 비율이 매우 높음을 알 수 있다. 모자가정은 전체의 3.2%(110명), 부자가정은 1.9%(64명)로 나타났으며, 이 둘을 합한 한부모가정의 비율이 전체 가구의 5.1%(174명) 정도를 차지하여, 한부모가정의 비율이 높지 않음을 알 수 있다. 양아버지 혹은 양어머니와 함께 살아가는 재혼가정은 전체의 0.7%(26명)로 매우 낮았으며, 양친 모두 사망한 경우도 0.8%(27명)로 매우 낮게 나타났다.

부모와의 동거 여부를 살펴보면 아버지와 어머니 모두 함께 살고 있는 비율은 96.1%(3,120명)로 양친과 함께 동거하는 비율이 매우 높았다. 아버지하고만 살고 있는 비율은 0.7%(22명), 어머니하고만 살고 있는 비율은 2.3%(74명), 아버지와 어머니 모두 함께 살고 있지 않은

---

30) 2005년 12월 25일 통계청에 따르면 전국 가구의 1.4분기 가계수지동향을 분석한 결과 월평균 소득액은 1분위 42만 7천684원, 2분위 108만 759원, 3분위 154만 7천649원, 4분위 194만 780원, 5분위 231만 742원, 6분위 271만 7천895원, 7분위 317만 5천213원, 8분위 376만 8천374원, 9분위 464만 149원, 10분위 776만 원이다. 이에 본 연구에서도 2005년 통계청자료에 기반을 두어 월소득 100만 원 미만, 100만 원 이상에서 200만 원 미만, 200만 원 이상에서 300만 원 미만, 300만 원 이상에서 500만 원 미만, 500만 원 이상에서 700만 원 미만, 700만 원 이상으로 6점 척도로 재구성하여 살펴보았다.

비율은 1.0%(32명)이었다. 부모와 함께 살지 않는 이유는 부모가 별거 중이라서 27명, 부모직장 때문에 61명, 부모가 장기입원 중이라서 2명, 학생의 학교 때문에 11명, 이혼 때문에 19명, 부모의 가출 때문에 4명, 무응답 4명이다. 형제자매 수는 형제자매가 1명인 경우 68.7%(2,370명)로 가장 높은 비율을 차지하였고, 2명 이상인 경우는 19.0%(654명), 3명 이상인 경우는 2.9%(103명) 그리고 형제자매가 없는 외동인 경우가 전체의 8.6%(295명)이었다. 형제자매가 1명 이하인 경우가 전체의 76.1%로 매우 높다.

〈표 4-1-1〉 조사대상자의 인구사회학적 특성

	구분	(명)	(%)
성별	남	1,725	50
	여	1,725	50
	소계	3,449	100
가구소득	100만 원 미만	153	4.4
	100만 원 이상 200만 원 미만	561	16.3
	200만 원 이상 300만 원 미만	994	28.8
	300만 원 이상 500만 원 미만	1,088	31.5
	500만 원 이상 700만 원 미만	324	9.4
	700만 원 이상	121	3.5
	무응답	208	6.0
	소계	3,449	100
주택 소유 여부	자기 집	2,356	69.4
	전세	732	21.6
	월세	198	5.8
	무상	38	1.1
	사택	57	1.7
	임대	13	0.4
	복지시설	1	0.0
	소계	3,395	100

구분		(명)	(%)
부모학력	중학교 이하	321	9.3
	고등학교	1,542	44.7
	전문대	253	7.3
	대학교	1,036	30.0
	대학원 이상	261	7.5
	모름	36	1.2
	소계	3,449	100
가족구성	친아버지와 친어머니가 계신다	3,222	93.4
	친아버지만 계신다	64	1.9
	친어머니만 계신다	110	3.2
	친아버지와 양어머니가 계신다	15	0.4
	친어머니와 양아버지가 계신다	11	0.3
	두 분 모두 안 계신다(사망)	27	0.8
	소계	3,449	100
부모와의 동거 여부	아버지와 어머니 모두 함께 살고 있다	3,120	96.1
	아버지하고만 함께 산다	22	0.7
	어머니하고만 함께 산다	74	2.3
	아버지와 어머니 모두 함께 살고 있지 않다	32	1.0
	소계	3,248	100

2. '한국청소년패널조사' 자료에 나타난 비행시작 현황

'한국청소년패널조사' 자료를 이용하여 비행시작 현황을 다각적으로 조명해보고자 한다. 이를 위해 첫째, 비행유형별로 비행을 시작한 청소년의 수와 이들이 보고한 비행 건수를 살펴보고, 둘째, 발생률(incidence rate)[31]과 확산율[32](prevalence rate)의 지표를 이용하여 비행

---

31) 발생률(incidence rate)에 대해서는 학제 간 또는 학자 간에 차이가 있다. 발생률은 대체로 특정한 조건을 충족시키는 사건의 수를 말하기도 하고 하나의 사건을 일으킨 사람의 수를 말하기도 한다. 어떤 이는 발생률을 계산하기 위해 분모에 전체 인구를 사용하기도 하고 어떤 이는 분모에 단지 범죄자만을 사용한다(박정선, 2006). 본 연구에서는 분모에 전체 응답자를 사용하였다.

시작현황을 살펴본다. 발생률은 특정기간 내에 보고된 비행시작 건수를 전체 응답자 수로 나누는 방식으로 계산한 지표이며, 확산율은 특정기간 내에 비행을 시작한 청소년을 전체 응답자 수로 나누는 방식으로 계산한 지표이다.

1) 비행시작 청소년과 비행시작 건수의 경향: 비행유형

비행유형별로 비행을 시작한 청소년의 수와 이들이 보고한 비행 건수를 살펴봄으로써, 본 연구자료 및 비행을 시작한 청소년들에 대해 구체적으로 이해할 수 있다. <표 4-1-2>는 비행유형별로 비행을 시작한 청소년의 수와 이들이 보고한 비행 건수를 분석한 표이다.

〈표 4-1-2〉 비행유형별 비행시작 청소년과 비행 건수의 추세

구분	(중3) 비행시작		(고1) 비행시작	
	비행시작 (연인원, %)	비행 건수(건)	비행시작 (연인원, %)	비행 건수(건)
담배피우기	39(1.2)	235	40(1.2)	169
술마시기	181(5.6)	599	241(7.7)	969
무단결석	29(0.9)	54	27(0.8)	69
가출경험	11(0.3)	14	15(0.4)	20
심하게 때리기	22(0.6)	46	7(0.2)	12
패싸움	8(0.2)	12	6(0.1)	11
돈/물건 뺏기	10(0.3)	20	2(0.1)	6
돈/물건 훔치기	16(0.5)	65	12(0.4)	23
심하게 조롱하기	44(1.3)	408	22(0.7)	48

---

32) 여기서 확산율의 개념은 확산도(prevalence) 개념에 기초한다. 어떤 상태나 조건이 어느 정도나 퍼져 있는가를 일컫는 확산도란 현재 그 조건을 가지고 있는 사람의 수를 통해 알 수 있다(박정선, 2006). 여기서 비행시작의 확산율이란 전체 응답자들 가운데 비행을 시작한 사람의 수를 말한다.

구분	(중3) 비행시작		(고1) 비행시작	
	비행시작 (연인원, %)	비행 건수(건)	비행시작 (연인원, %)	비행 건수(건)
협박하기	12(0.3)	37	4(0.1)	8
왕따시키기	28(0.8)	147	9(0.3)	10
성관계경험	1(0.03)	1	5(0.1)	14
성폭행/성희롱	4(0.1)	14	1(0.03)	3
원조교제			3(0.09)	3
소계	405(100)	1,652	394(100)	1,365
평균(전체비행)	4.07		2.46	
평균(1인당비행) 전체 비행/비행시작 청소년	6.00		4.61	
비행시작 청소년	275		296	
계	3,118명		3,125명	

일반적인 비행연구에서 비행은 법과 규범을 위반한 행위를 중심으로 행위의 심각성에 따라 사소한 비행과 심각한 비행을 나누어서 살펴본다.[33] 이에 <표 4-1-2>를 사소한 비행과 심각한 비행 그리고 성관련 비행으로 구분하여 살펴보았다. 흡연, 음주, 무단결석, 가출 등을 사소한 비행으로, 심하게 때리기, 패싸움, 돈/물건 뺏기, 돈/물건 훔치기, 심하게 조롱하기, 협박하기, 왕따시키기는 심각한 비행으로, 성관계경험, 성폭행/성희롱, 원조교제는 심각한 비행 중에서 성관련 비행으로 분류하였다.

이를 청소년발달단계에 따라 구체적으로 살펴보면, 중학교 3학년시기에 '흡연'은 조사대상자 3,188명 중 39명(1.2%), '음주'는 3,188명

---

33) 일반적으로 청소년 비행의 영역은 크게 세 가지 행위군으로 구분할 수 있다. 첫 번째는 가장 중한 행위로서 청소년들에 의해서 범해지는 형법을 위반하는 중한 범죄행위들이다. 여기서는 살인, 강도, 강간, 폭행 등 강력범죄와 주거침입 절도 등과 같은 일부 재산범죄가 포함될 수 있다. 두 번째는 경한 비행(petty offense)로서 빈도상으로 볼 때, 중한 범죄보다는 좀 더 많이 나타나는 형법위반행위이다. 이러한 유형에는 사소한 절도나 폭행, 기타 법위반행위들이 포함된다. 세 번째 유형은 청소년지위비행이다. 이는 청소년들에게만 해당하는 위반행위로서 가출, 무단결석, 음주, 흡연이 여기에 포함된다(노성호, 1992). 여기서 사소한 비행은 세 번째 유형, 심각한 비행은 두 번째 유형에 해당된다.

중 181명(5.6%), '무단결석'은 3,188명 중 29명(0.9%), '가출'은 3,188 명 중 11명(0.3%)이 최초로 각 비행들을 시작하였다. 고등학교 1학년 시기에 흡연을 시작한 청소년은 조사대상자 3,125명 중 40명(1.2%), 음주는 3,125명 중 241명(7.7%), 무단결석은 3,125명 중 27명(0.8%), 가출은 3,125명 중 15명(0.4%)이다. 사소한 비행의 경우에는 흡연만 제외하고 음주, 무단결석, 가출 모두 중학교와 고등학교가 비슷한 경 향을 보였다.

중학교 3학년시기에 '심하게 때리기'를 시작한 청소년은 조사대상 자 3,188명 중 22명(0.6%), '패싸움'은 3,188명 중 8명(0.2%), '돈/물건 뺏기'는 3,188명 중 10명(0.3%), '돈/물건 훔치기'는 3,188명 중 16명 (0.5%), '심하게 조롱하기'는 3,188명 중 44명(1.3%), '협박하기'는 3,188명 중 12명(0.3%), '왕따시키기'는 3,188명 중 28명(0.8%)이다. 반면 고등학교 1학년시기에 '심하게 때리기'는 3,125명 중 7명(0.2%), '패싸움'은 3,125명 중 6명(0.1%), '돈/물건 뺏기'는 3,125명 중 2명 (0.1%), '돈/물건 훔치기'는 3,125명 중 12명(0.4%), '심하게 조롱하기' 는 3,125명 중 22명(0.7%), '협박하기'는 3,125명 중 4명(0.1%), '왕따 시키기'는 3,125명 중 9명(0.3%)이 새롭게 각각의 비행을 시작하였다 고 응답하였다. 심각한 비행의 경우에는 고등학교시기와 중학교시기 에 그 차이는 경미하지만 고등학교시기보다 중학교시기에 더 많이 시 작하는 경향을 보인다.

마지막으로 중학교 3학년시기에 '성관계경험'을 처음 시작한 청소 년은 3,188명 중 1명(0.03%), '성폭행/성희롱'은 3,188명 중 4명(0.1%) 이다. 반면 고등학교 1학년 때 처음으로 '성관계경험'을 시작했다고 하는 청소년은 조사대상자 3,125명 중 5명(0.1%), '성폭행/성희롱'은 3,125명 중 1명(0.03%), '원조교제'는 3,125명 중 3명(0.09%)이다. 성관련 비행에서 주목해볼 만한 사실은 성폭행/성희롱을 제외하고 성관련 비행을 중학교시기에 비해 고등학교시기에 더 많이 시작했다는 것이다. 과연 이러한 차이가 연령의 차이인지 고등학생이라는 정체성의 차이인지를 확인하기 위해 각각 한 살 차이의 중학교 2학년, 중학교 3학년, 고등학교 1학년의 성관계경험의 시작을 비교했다. 그 결과 중학교 2학년시기에는 3,449명 중 2명이 처음으로 성관계를 시작하였고, 중학교 3학년시기에는 3,188명 중 1명이 처음으로 성관계를 시작하였다. 그리고 고등학교 1학년시기에는 3,125명 중 5명이 성관계를 시작하였다. 연령 차이에 따라 성관계 시작경험이 일정하게 변화하는 것이 아니라, 학제가 달라지면 급격히 성관계 시작경험이 증가한다는 것을 확인하였다. 이러한 결과는 원조교제에서도 유사하게 나타났다. 그러나 표본 수가 너무 적어서 위의 결과만을 가지고 학제변화에 따라 성관련 비행에 차이가 있다고 이야기하기에는 미흡한 점이 있다.

중학교시기의 비행보고 건수를 살펴보면 '흡연'은 235건, '음주'는 599건, '무단결석'은 54건, '가출'은 14건, '성관계경험'은 1건, '심하게 때리기'는 46건, '패싸움'은 12건, '돈/물건 뺏기'는 20건, '돈/물건 훔치기'는 65건, '심하게 조롱하기'는 408건, '협박하기'는 37건, '왕따시키기'는 147건, '성폭행/성희롱'은 14건이다. 평균 비행보고 건수는 4.70건이고, 1명의 비행시작 소년이 연간 비행을 얼마나 저질렀는가를 살펴보면, 비행시작 소년 1명이 저지른 평균비행 건수는 6.00건이다.

고등학교시기의 비행보고 건수를 살펴보면 '흡연'은 169건, '음주'는 969건, '무단결석'은 69건, '가출'은 20건, '성관계경험'은 14건, '심하게 때리기'는 12건, '패싸움'은 11건, '돈/물건 뺏기'는 6건, '돈/물건 훔치기'는 23건, '심하게 조롱하기'는 48건, '협박하기'는 8건,

'왕따시키기'는 10건, '성폭행/성희롱'은 3건, '원조교제'는 3건이다. 평균비행보고 건수는 3.46건으로 중학교시기의 4.70건에 비해 줄었고, 1명의 비행시작 소년이 연간 비행을 얼마나 저질렀는가를 살펴보면, 비행시작 소년 1명이 저지른 평균비행 건수는 4.61건으로 중학교시기 6.00건에 비해 역시 줄었다.

2) 비행시작 집중률과 비행시작 확산율

발생률(incidence rate)과 확산율(prevalence rate)의 지표를 이용하여 비행시작 현황을 살펴보았다. 비행시작 발생률은 2004년 1년 동안 일 인당 평균 0.52건이었고, 2005년은 1년 동안 일인당 평균 0.45건으로 2004년에 비해 감소하였다.

비행시작 확산율을 백분율로 계산하여 살펴보면 전체적으로 볼 때 2004년도에 약 9% 정도가 비행을 시작할 가능성이 있음을 알 수 있 다. 2005년도에는 약 5%가 비행을 시작할 가능성을 지니고 있었다. 2004년도에 비해 2005년도에 확산율이 감소하였다. 연령이 높아짐에 따라 비행시작가능성이 낮아진다는 것을 예상해볼 수 있다.

〈표 4-1-3〉 비행시작 발생률과 비행시작 확산율

	발생률	확산율
2004년(중학교 3학년)	0.52	0.09
2005년(고등학교 1학년)	0.45	0.05

3. 인생사건의 분포와 실태

청소년들의 발달과정에서 그들의 삶에 중요한 전환점이 될 수 있는 인생사건의 분포와 실태를 살펴보고자 한다. <표 4-1-4>는 청소년들이 시기별로 당해 연도에 개별 인생사건을 얼마나 경험했는가를 살펴본 표이다.

<표 4-1-4>를 구체적으로 살펴보면 청소년들의 중학교 2학년 이전에 부모사망, 실직 등과 같은 부모의 비자발적 사건을 경험한 청소년은 전체 1.3%로 45명으로 나타났고, 중학교 2학년 때 경험한 청소년은 1.2%로 40명, 중학교 3학년 때 경험한 청소년은 1.5%로 51명, 고등학교 1학년 때 경험한 청소년은 0.9%로 32명이었다.

또한 주위사람들로부터 나오는 다양한 반응인 불이익적 사건은 다음과 같다. 중학교 2학년 이전에 경험한 청소년은 전체 0.7%인 23명, 중학교 2학년에 경험한 청소년은 0.8%로 29명, 중학교 3학년에 경험한 청소년은 0.8%인 29명, 고등학교 1학년에 경험한 청소년은 3.2%로 111명이었다. 불이익적 사건의 경우 고등학교시기에 갑자기 많은 청소년들이 선생님으로부터 부당한 대우 혹은 이웃으로부터 심한 꾸중을 듣는 비율이 높아졌다. 왜 갑자기 고등학교시기에 높아졌는지에 대한 다양한 해석이 가능하지만, 고등학교 1학년이라는 새로운 환경으로 설명해볼 수 있다. 고등학교라는 새로운 환경은 청소년들에게 새로운 규칙을 학습시키기 위해 더 많은 제재를 가하는 과정에서 불이익적 사건이 많이 일어날 수도 있을 것이다. 또 다른 가정은 청소년들이 자아가 성숙함에 따라 중학생시기에는 부당하다고 생각하지 않았던 것들이 부당하다고 인식될 수도 있다.

<표 4-1-4> 개별 인생사건의 분포

		구분	(명)	(%)
가족 내적사건	부모 비자발적 사건(중2 이전)	없다	3,404	98.7
		있다	45	1.3
	부모 비자발적 사건(중2)	없다	3,409	98.8
		있다	40	1.2
	부모 비자발적 사건(중3)	없다	3,398	98.5
		있다	51	1.5
	부모 비자발적 사건(고1)	없다	3,417	99.1
		있다	32	0.9
가족 외적사건	불이익적 사건(중2 이전)	없다	3,426	99.3
		있다	23	0.7
	불이익적 사건(중2)	없다	3,420	99.2
		있다	29	0.8
	불이익적 사건(중3)	없다	3,420	99.2
		있다	29	0.8
	불이익적 사건(고1)	없다	3,338	96.8
		있다	111	3.2
가족 내적사건	부모 자발적 사건(중2 이전)	없다	3,376	97.9
		있다	73	2.1
	부모 자발적 사건(중2 이전)	없다	3,377	97.9
		있다	72	2.1
	부모 자발적 사건(중2 이전)	없다	3,357	97.3
		있다	92	2.7
	부모 자발적 사건(중2 이전)	없다	3,357	97.3
		있다	92	2.7

    마지막으로 부모의 의지에 의해 변화가능성이 있는 이혼, 별거와 같은 부모의 자발적 사건을 살펴보았다. 부모 자발적 사건을 중학교 2학년 이전에 경험한 경우는 2.1%로 73명이었고, 중학교 2학년에 경험한 경우는 2.1%로 72명, 중학교 3학년에 경험한 경우는 2.7%로 92명, 고등학교 1학년에 경험한 경우는 2.7%로 92명이었다. 부모의 자발적 사건은 청소년들의 연령이 높아질수록 사건이 증가하고 있었다.

이에 부모의 자발적 사건을 구성하는 하위 차원의 사건들도 청소년의 연령에 따라 증가하는지 살펴보았다. 그 결과 청소년의 연령에 관계없이 부모의 이혼, 별거, 재혼 등은 비슷한 수준으로 경험하고 있었으나, 부모의 가출은 청소년들의 연령이 높아질수록 증가하고 있었다.

<표 4-1-5>에서 시기별로 당해 연도에 인생사건을 경험하는 청소년들을 살펴보았다. 청소년들의 경우 중학교 2학년 이전에는 3.8%인 130명이 사건을 경험하고 있었고, 중학교 2학년 때는 3.9%인 135명, 중학교 3학년 때는 4.9%인 167명, 고등학교 1학년 때는 6.6%인 226명이 인생사건을 경험하고 있었다.

〈표 4-1-5〉 인생사건의 분포

(명)

	중2 이전	중2	중3	고1
인생사건	130	135	167	226

<표 4-1-6>는 중학교 3학년 때까지 인생사건을 누적적으로 경험한 청소년들의 분포와 고등학교 1학년 때까지 인생사건을 누적적으로 경험한 청소년들의 분포를 나타낸 표이다.

<표 4-1-6>의 결과를 살펴보면, 중학교 3학년이라는 현시점까지 인생사건을 한 번도 경험한 적이 없는 청소년은 3,063명, 한 번만 경험한 적이 있는 청소년은 344명, 두 번 경험한 적이 있는 청소년은 38명, 세 번 경험한 적이 있는 청소년은 4명이었다. 또한 고등학교 1학년 현시점까지 인생사건을 한 번도 경험한 적이 없는 청소년은 2,880명이고, 한 번만 경험한 청소년은 489명, 두 번 경험한 경우는 71명, 세 번 경험한 경우는 9명이었다.

〈표 4-1-6〉 인생사건의 누적 분포

(명)

인생사건 누적횟수	중3	고1
인생사건 경험 없음	3,063	2,880
인생사건 경험 1회	344	489
인생사건 경험 2회	38	71
인생사건 경험 3회	4	9
전체	3,449	3,449

<표 4-1-7>에서는 가족 내적 사건과 가족 외적 사건의 누적 분포[34]를 살펴보았다.

좀 더 구체적으로 개별 인생사건들, 부모의 비자발적 사건, 부모의 자발적 사건, 불이익적 사건들은 어떠한 누적분포를 나타내고 있는가를 <표 4-1-6>를 통해 살펴보았다. 부모의 자발적 사건은 중학교 3학년이라는 현시점까지 인생사건을 한 번도 경험한 적이 없는 청소년은 3,234명, 한 번 경험한 적이 있는 청소년은 195명, 두 번 경험한 적이 있는 청소년은 8명, 세 번 경험한 적이 있는 청소년은 2명이었다. 부모의 비자발적 사건은 중학교 3학년이라는 현시점까지 인생사건을 한 번도 경험한 적이 없는 청소년은 3,316명, 한 번 경험한 적이 있는 청소년은 130명, 두 번 경험한 적이 있는 청소년은 3명이었다. 불이익적 사건은 중학교 3학년이라는 현시점까지 인생사건을 한 번도 경험한 적이 없는 청소년은 3,316명, 한 번 경험한 적이 있는 청소년은 130명, 두 번 경험한 적이 있는 청소년은 3명이었다.

---

34) 〈표 4-1-7〉의 인생사건누적분포는 중학교 3학년의 경우에는 중학교 3학년을 기준점으로 중학교 3학년을 포함하여 이전에 인생사건 경험이 있었는지 누적적으로 살펴보았다. 고등학교 1학년의 경우에는 고등학교 1학년을 기준점으로 고등학교 1학년을 포함하여 인생사건 경험이 있었는지를 누적적으로 살펴보았다.

<표 4-1-7> 개별 인생사건의 누적 분포

(명)

			중3	고1
가족 내적 사건	부모 자발적 사건	경험 없음	3,234	3,150
		경험 1회	195	272
		경험 2회	8	24
		경험 3회	2	3
	부모 비자발적 사건	경험 없음	3,316	3,286
		경험 1회	130	158
		경험 2회	3	5
가족 외적 사건	불이익사건	경험 없음	3,316	3,286
		경험 1회	130	158
		경험 2회	3	5

고등학교 1학년 때까지 부모의 자발적 사건을 한 번이라도 경험한 적이 없는 청소년은 3,150명, 한 번 경험한 적이 있는 청소년은 272명, 두 번 경험한 적이 있는 청소년은 24명, 세 번 경험한 적이 있는 청소년은 3명이었다. 부모의 비자발적 사건 경우에는 한 번도 경험한 적이 없는 청소년은 3,286명, 한 번 경험한 적이 있는 청소년은 158명, 두 번 경험한 적이 있는 청소년은 5명이었다. 불이익적 사건의 경우에는 한 번도 경험한 적이 없는 청소년은 3,286명, 한 번 경험한 적이 있는 청소년은 158명, 두 번 경험한 적이 있는 청소년은 5명이었다.

종합적으로 살펴볼 때, 인생사건을 누적적으로 경험하는 청소년들은 많지 않았다.

4. 보호요인과 위험요인의 실태

주요변인들에 대한 분석결과 <표 4-1-8>을 통해 보면, 응답자들의 부모애착의 수준은 1~5범위에서 평균이 1차 연도 3.34, 2차 연도 3.41, 3차 연도 3.43로 매년 비슷한 평균값을 나타내고 있지만 거의 미미할 정도로 연령이 높아짐에 따라 부모애착이 상승하는 경향도 보인다.

〈표 4-1-8〉 개별보호요인들의 기술적 통계 분석결과

보호요인		최소값	최대값	평균	표준편차
부모애착	1차년	1.00	5.00	3.34	0.77
	2차년	1.00	5.00	3.41	0.75
	3차년	1.00	5.00	3.43	0.72
교사애착	1차년	1.00	5.00	2.46	0.84
	2차년	1.00	5.00	2.67	0.86
	3차년	1.00	5.00	2.68	0.84
성적	1차년	0.00	5.00	9.38	2.46
	2차년	0.00	5.00	8.65	3.45
	3차년	0.00	5.00	8.04	3.43

교사애착의 수준은 1~5범위에서 1차 연도 2.46, 2차 연도 2.67, 3차 연도 2.68로 매년 조금씩 상승하는 경향을 보이고 있다. 성적은 0~15 범위에서 1차 연도 9.38, 2차 연도 8.65, 3차 연도 8.04로 매년 하강하는 경향을 보이고 있다. 다른 요인들과는 다르게 성적의 경우는 청소년들의 연령이 높아짐에 따라 하강하는 경향을 보이고 있었다.

<표 4-1-8>이 개별보호요인의 기술적 통계분석결과라면, <표 4-1-9>은 개별위험요인들의 기술적 통계분석결과이다. 비행친구의 평균은 1차 연도 0.23, 2차 연도 0.22, 3차 연도 0.23의 경향을 보이고 있었고, 잘못된 훈육 수준은 1~5범위에서 평균이 1차 연도 1.73, 2차 연도 1.76, 3차 연도 1.59로 매년 조금씩 하강하는 경향을 보이고 있다.

〈표 4-1-9〉 개별위험요인들의 기술적 통계 분석결과

위험요인		최소값	최대값	평균	표준편차
비행친구	1차년	0.00	0.36	0.23	0.48
	2차년	0.00	0.40	0.22	0.48
	3차년	0.00	0.35	0.23	0.41
잘못된 훈육	1차년	1.00	5.00	1.73	0.88
	2차년	1.00	5.00	1.76	0.93
	3차년	1.00	5.00	1.59	0.95

마지막으로 보호요인과 위험요인의 기술적 통계분석결과는 <표 4-1-10>에서 볼 수 있듯이 보호요인평균은 1차 연도 5.06, 2차 연도 5.15, 3차 연도 5.00이다. 위험요인평균은 1차 연도 0.98, 2차 연도 0.99, 3차 연도 0.91이다.

〈표 4-1-10〉 보호요인과 위험요인의 기술적 통계 분석결과

		최소값	최대값	평균	표준편차
보호요인	1차년	1.67	8.28	5.06	1.01
	2차년	1.44	8.33	5.15	1.00
	3차년	1.00	8.33	5.00	0.97
위험요인	1차년	0.50	3.94	0.98	0.53
	2차년	0.50	4.19	0.99	0.55
	3차년	0.50	3.69	0.91	0.45

1. 인생사건과 비행경력

1) 인생사건 경험집단과 인생사건 무경험집단의 비행경력비교

인생사건을 한 번이라도 경험한 적이 있는 청소년 집단과 인생사건을 단 한 번도 경험하지 않은 청소년 집단 간에 비행경력분포 차이가 있는지를 확인해보았다. 이를 위해 3차 연도를 기준으로 3차 연도, 2차 연도, 1차 연도 그리고 1차 연도 이전에도 인생사건을 한 번이라도 경험했다면 '인생사건 경험집단'으로, 단 한 번도 인생사건을 경험하지 않았다면 '인생사건 무경험집단'으로 분류하였다.

'인생사건 경험집단'과 '인생사건 무경험집단'으로 구분한 후, 비행경력분포를 살펴보았다. 그 결과 '인생사건 경험집단'에서 가장 높은 비율을 차지하고 있는 비행경력은 111번이다. 111번은 1차년, 2차년, 3차년까지 3년 내내 비행을 지속하고 있는 청소년들이다. 반면 인생사건무경험집단에서 가장 높은 비율을 차지하고 있는 비행경력은 000번이다. 000번은 1차년, 2차년, 3차년까지 3년 내내 비행을 하지 않은 청소년들이다. '인생사건 경험집단'의 경우에는 비행을 지속하는 청소년들의 비율이 높고, '인생사건 무경험집단'에서는 비행을 하지 않은 청소년들의 비율이 높았다.

〈표 4-2-1〉 인생사건 경험군과 인생사건 무경험군: 비행경력

번호	1차 연도	2차 연도	3차 연도	(누적)인생사건 경험집단		(누적)인생사건 무경험집단	
111	비행 있음	비행 있음	비행 있음	174명	31.6%	422명	17.2%
110	비행 있음	비행 있음	비행 없음	52명	9.5%	221명	9.0%
101	비행 있음	비행 없음	비행 있음	59명	10.7%	186명	7.6%
100	비행 있음	비행 없음	비행 없음	55명	10.0%	346명	14.1%
011	비행 없음	비행 있음	비행 있음	39명	7.1%	91명	3.7%
010	비행 없음	비행 있음	비행 없음	14명	2.5%	121명	4.9%
001	비행 없음	비행 없음	비행 있음	57명	10.4%	239명	9.7%
000	비행 없음	비행 없음	비행 없음	100명	18.2%	830명	33.8%
	계			550명	100%	2,456명	100%

위의 결과를 토대로 과연 인생사건을 경험한 청소년들이 인생사건을 경험하지 않은 청소년에 비해, 비행을 지속할 가능성이 높은지 구체적으로 살펴보았다. 이를 위해 '인생사건 경험집단'과 '인생사건 무경험집단' 간 비행지속 차이를 살펴보았다.

그 결과 '인생사건 경험집단'의 경우 비행을 2회 이상 한 비율이 전체의 58.9%였다. 그러나 '인생사건 무경험집단'의 경우에는 비행을 2회 이상 한 비율은 전체의 37.5%이다. 이러한 결과들을 종합할 때

'인생사건'을 경험한 집단이 '인생사건'을 경험하지 않은 집단에 비해 비행을 지속하는 비율이 높다는 것을 알 수 있다.

마지막으로 주목해서 살펴보아야 할 지점은 1차 연도에 비행을 하다가 2차 연도와 3차 연도에 비행을 하지 않는 100번이다. 비행중단이라고 했을 때, 일반적으로 중단(desistance)이라는 용어는 범죄행동의 중단(cessation of criminal behaviour)을 표현하기 위해 주로 사용하는 용어로 간주되고 있으나(Bottoms et al., 2004), 개념적 정의가 학자마다 제각각이고 모호하며(Laub& Sampon, 2001), 아직까지 합의된 정의가 없다(Bushway et al., 2001).

기존 연구에서 중단과 관련된 개념들을 살펴보면, '빈번하고 심각한 비행이 줄어드는 과정(Fagan, 1989)', '중단의 임시적 과정(the causal process of desistance, underlying casual process)(Laub & Sampson, 2001)', '범죄경력의 영구적인 종결(termination)(Bushway et al., 2001)' 등으로 보았다. 그러나 범죄경력의 종결은 인간이 죽기 전까지는 알 수 없기 때문에 '종결'이라는 조건을 충족시키기 위해서는 범행 없음(noniffending)의 최종상태에 중점을 둘 것이 아니라, '중단하는 과정(desistance process)'에 중점을 두어야 하며, '임시적 중단과정이나 감소과정'을 포함하여 인간발달의 '과정'으로 봐야 한다(Bottoms et al., 2004; Laub & Sampson, 2001).

그러므로 100번은 1차에 비행경험이 있으나 2차, 3차에는 비행경험이 없는 청소년집단이다. 이처럼 연속해서 2년 이상 비행을 하지 않았다는 의미는 비행을 벗어나는 과정으로 생각해볼 수 있다. 비행을 벗어나는 과정, 즉 비행중단으로 100번을 볼 수 있다. 비행중단인 100번을 살펴보면, '인생사건'을 한 번이라도 경험한 집단에서는 55명으로 전체의 10%가 여기에 속해 있었다. 그러나 '인생사건'을 경험하지 않은 집단에서는 346명으로 전체의 14.1%였다. 이러한 결과는 인생사건을 경험한 청소년들이 인생사건을 경험하지 않은 청소년들에 비해 비행을 중단할 가능성이 낮다는 것을 알 수 있다.

2) 인생사건과 비행시작

<표 4-2-1> 결과들을 통해 인생사건을 경험한 청소년과 인생사건을 경험하지 않은 청소년들의 비행지속과 비행중단의 경향을 알 수 있었다. 그러나 <표 4-2-1>은 비행경력 중 비행지속과 비행중단은 알 수 있지만, 이전에는 비행경험이 없다가 처음으로 비행을 경험하는 청소년들에 대해서는 알 수 없었다. 즉 비행시작을 알 수 없었다. 그러므로 여기에서 본 연구의 관심영역인 비행시작과 인생사건[35]의 전반적인 실태를 살펴보고자 한다. 이를 위해 인생사건 경험 여부와 비행시작 여부를 교차분석하였다.

그 결과는 <표 4-2-2>와 같다. 인생사건을 경험한 집단과 인생사건을 경험하지 않은 집단과 비행시작 여부 간에는 통계적으로 유의미한 차이가 있는 것으로 나타났다(p<.05). 인생사건을 경험한 집단은 전체의 29.6%가 비행을 시작한 반면, 인생사건을 경험하지 않은 집단은 전체의 16.9%만이 비행을 시작하였다. 중학교시기에 인생사건을 경험한 청소년들이 인생사건을 경험하지 않은 청소년에 비해 비행시작을 2배가량 더 많이 저지르는 경향이 있음을 보여주고 있다.

---

35) 본 연구에서 사용되는 인생사건은 두 가지 유형이 있다. 하나는 일정한 시점을 기준으로 기준시점에 경험한 당해 연도 인생사건과 또 다른 하나는 기준시점 이전에 경험했던 모든 인생사건을 합산한 누적적인 인생사건이 있다. 본 연구의 <표 4-2-1> 결과를 제외한 모든 분석에서는 당해 연도 인생사건을 사용하고 있다.

<표 4-2-2> 인생사건과 비행 간의 교차분석(중학교시기)

명(%)

	인생사건 없음	인생사건 있음	(df)x^2 검증
비행 없음	1,248(83.1)	50(70.4)	(1) 7.540**
비행시작	254(16.9)	21(29.6)	
전체	1,502(100)	71(100)	

* p<.05, ** p<.01, *** p<.001 수준에서 유의미

반면, 고등학교 1학년시기에 인생사건 경험집단 및 인생사건을 경험하지 않은 집단과 비행시작 여부에 차이가 있는지를 살펴본 결과 통계적으로 유의미한 차이를 나타내지 않았다(p<.05). 하지만 경향성에 있어서는 중학교시기와 유사하였다.

<표 4-2-3> 인생사건과 비행 간의 교차분석(고등학교시기)

명(%)

	인생사건 없음	인생사건 있음	(df)x^2 검증
비행 없음	892(76.2)	38(67.9)	(1) 2.050n.s.
비행시작	278(23.8)	18(32.1)	
전체	1,170(100)	56(100)	

* p<.05, ** p<.01, *** p<.001 수준에서 유의미   n.s.=not significant

<표 4-2-1>, <표 4-2-2>, <표 4-2-3>을 종합해보면, 인생사건을 경험한 청소년들과 인생사건을 단 한 번도 경험하지 않은 청소년들 사이에 비행시작에서 비행지속 그리고 비행중단까지 명확한 차이를 보이고 있다. 인생사건을 경험한 청소년들은 인생사건을 단 한 번도 경험하지 않은 청소년들에 비해 비행시작과 비행지속 비율이 높았고, 비행중단 비율은 낮았다.

이는 소년범의 범죄화과정에 대한 박정선(2004) 연구와 유사한 결과라고 할 수 있다. 박정선의 연구결과에 의하면 보호관찰대상자들은

인생사건들 가운데 단 하나의 사건도 경험하지 않았다고 응답한 사람
은 113명으로 전체 13.38%에 불과하였다(박정선, 2004). 이러한 연구
결과를 통해 비행청소년들의 경우 성장과정에 문제가 있음을 확인할
수 있었다. 또한 정혜원(2002)도 소년원생들과 같은 비행청소년들의
삶은 일상적인 청소년들과는 다른 경험과 사건으로 이루어져 있다고
보고하고 있다.

3) 인생사건과 비행경로의 발전추이

지금까지 인생사건과 비행경력의 전반적 실태를 살펴보았다. 다음
은 시간의 흐름에 따라 비행시작의 동태적 변화양상을 인생사건의 경
험 여부에 따라 분석한다.

먼저, 중학교 3학년시기에 인생사건을 경험한 청소년들의 비행시작
에 동태적 변화양상을 살펴보았다. 그 결과 <그림 4-2-1>과 같다.
<그림 4-2-1>은 중학교 3학년(2004년)시기에 인생사건을 경험한
청소년들의 비행경로의 발전추이이다.

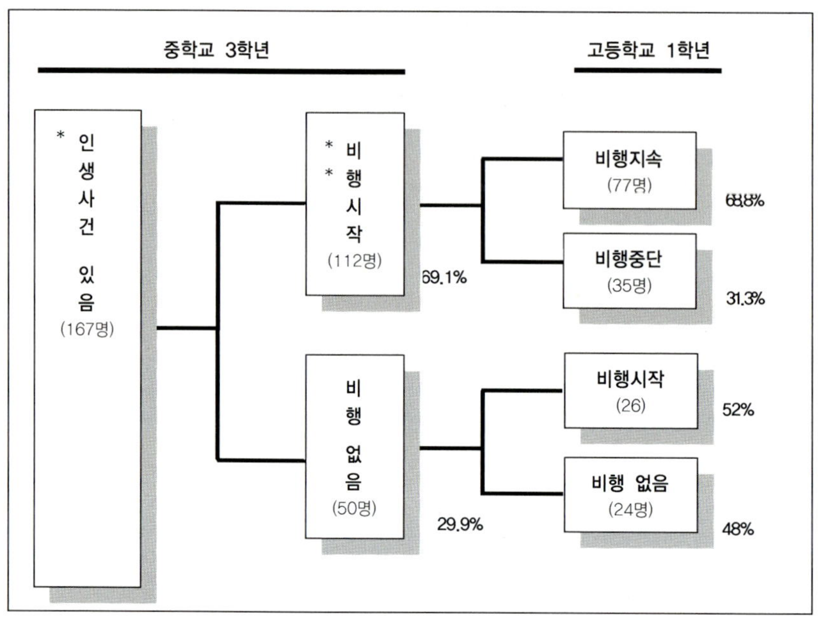

*인생사건 경험 있음: 중3(2004년) 한 해 동안 경험한 인생사건을 의미
**비행시작: 이전에는 비행경험이 없다가 중3(2004년)에 비행 시작한 청소년

〈그림 4-2-1〉 비행시작의 발전추이: 인생사건 경험 있음

구체적으로 살펴보면, 2004년에 부정적인 인생사건을 경험한 청소년들 167명 중 112명인 69.1%가 비행을 시작하였다. 이들 중 1년 후에 비행을 지속하는 청소년들은 77명으로 68.8%이다. 비행을 시작했던 112명 중 35명인 31.3%가 비행을 중단하였다. 반면 인생사건을 경험한 청소년 중 50명인 29.9%가 비행을 하지 않았다. 비행을 하지 않은 청소년 59명 중 1년 후에 비행을 시작한 청소년은 26명으로 52%였다. 그러나 계속 비행을 하지 않은 청소년은 24명(48%)이다.

둘째로 인생사건을 경험하고 있지 않은 청소년들의 비행시작 동태적 변화양상을 살펴보았다. 중학교 3학년(2004년)시기에 인생사건을 경험하지 않은 청소년들의 비행경로 발전추이는 <그림 4-2-2>와 같다.

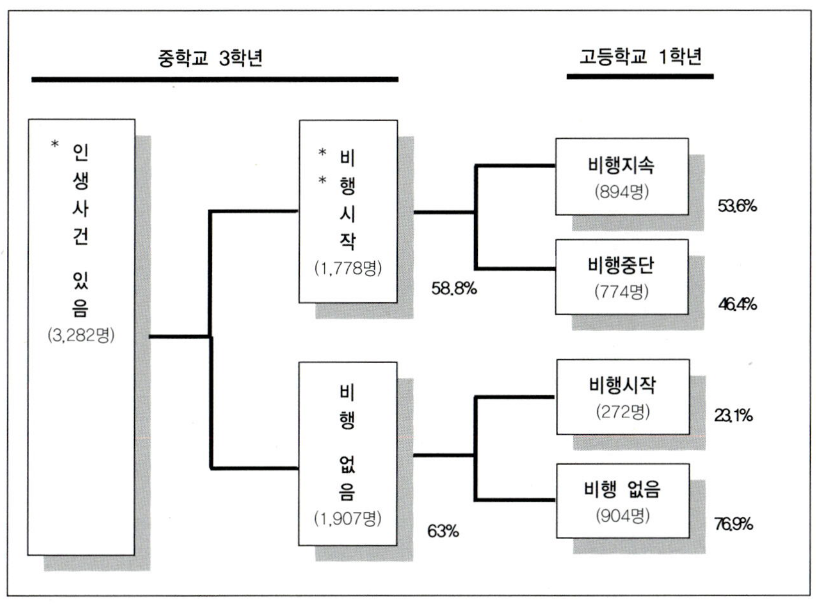

*인생사건 경험 없음: 중3(2004년) 한 해 동안 인생사건을 경험하지 않았다는 것을 의미
**비행시작: 이전에는 비행경험이 없다가 중3(2004년)에 비행 시작한 청소년

〈그림 4-2-2〉 비행시작의 발전추이: 인생사건 경험 없음

그 결과를 살펴보면 2004년에 부정적인 인생사건을 경험하지 않은 3,282명 중 비행을 시작한 청소년들은 1,778명으로 58.8%이다. 이들 중 1년 후인 2005년까지 894명인 53.6%가 비행을 지속하고 있었다. 반면 774명인 46.4%는 비행을 중단하였다. 또한 인생사건을 경험하지 않은 청소년들 중 비행을 하지 않은 청소년들은 1,248명으로 41.2%였다. 이들 중 1년 후에 비행을 새롭게 시작한 청소년은 272명으로 23.1%였고 비행을 계속하지 않는 청소년들은 904명인 76.9%였다.

<그림 4-2-1>과 <그림 4-2-2>의 연구결과를 비교해서 살펴보면, 인생사건을 경험한 청소년이 인생사건을 경험하지 않은 청소년보다 비행을 시작할 확률이 10.3% 높았다. 또한 비행을 시작할 가능성도

인생사건을 경험한 청소년이 인생사건을 경험하지 않은 청소년보다 15.2% 더 높았다. 마지막으로 비행을 중단할 가능성은 인생사건을 경험한 청소년이 인생사건을 경험하지 않은 청소년보다 15.1% 더 낮았다.

이를 통해, 인생사건을 경험하고 비행을 시작한 청소년들이 인생사건을 경험하지 않고 비행을 시작한 청소년들에 비해 비행을 계속할 가능성이 높았다는 것을 짐작할 수 있으며, 비행을 그만둘 가능성도 낮다는 것을 짐작할 수 있다. 인생사건은 비행시작뿐만 아니라 비행지속 그리고 비행중단과도 밀접한 관계를 맺고 있음을 유추할 수 있다.

2. 보호요인 및 위험요인과 비행시작

다음으로 비행경험이 없는 청소년과 비행을 시작한 청소년 사이에 주변관계 차이가 있는지를 살펴보았다. 첫째, 비행경험이 없는 청소년과 비행을 시작한 청소년들 사이에 부모애착, 부모감독, 교사애착, 성적의 차이가 있는지 독립표본 t - 검정을 실시하였다.

〈표 4-2-4〉 비행 없음 - 비행시작집단 간 개별 보호요인의 평균비교

		중학교시기				고등학교시기		
	비행 없음 - 비행시작	평균	사례	T값	비행 없음 - 비행시작	평균	사례	T값
부모애착	비행 없음	3.50	1,297	1.64	비행 없음	3.55	928	4.92***
	비행시작	3.42	275	n.s.	비행시작	3.32	294	
교사애착	비행 없음	2.73	1,297	1.75	비행 없음	2.76	930	3.63***
	비행시작	2.63	275	n.s.	비행시작	2.56	296	
성적	비행 없음	9.67	1,297	1.67	비행 없음	9.22	930	3.23**
	비행시작	9.40	275	n.s.	비행시작	9.73	296	

* p<.05, ** p<.01, *** p<.001 수준에서 유의미   n.s. = not significant

그 결과 <표 4-2-4>이다. 중학교시기에 비행경험이 없는 청소년과 비행을 시작한 청소년들 사이에 부모애착, 교사애착, 성적 차이는 유의미하지 않았다(p<.05). 중학교시기에는 비행경험이 없는 청소년들과 비행을 시작한 청소년 사이에 주변관계 차이는 없었다. 그러나 고등학교시기에 비행경험이 없는 청소년과 비행을 시작한 청소년들 사이에 부모애착, 교사애착, 성적 차이는 통계적으로 유의미하였다(p<.05).

중학교시기와는 다르게 고등학교시기에 청소년들은 비행경험이 없는 청소년과 비행을 시작한 청소년 사이에 주변관계 차이가 있음을 확인할 수 있었다.

둘째, 비행경험이 없는 청소년과 비행을 시작한 청소년들 사이에 비행친구, 잘못된 훈육의 차이가 있는지 독립표본 t-검정을 실시하였다. 그 결과 중학교시기와 고등학교시기 모두 잘못된 훈육과 비행친구는 모두 비행경험이 없는 청소년과 비행을 시작한 청소년들 사이에 유의미한 차이를 지니고 있었다(p<.05).

〈표 4-2-5〉 비행 없음-비행시작집단 간 개별위험요인의 평균비교

	중학교시기				고등학교시기			
	비행 없음-비행시작	평균	사례	T값	비행 없음-비행시작	평균	사례	T값
잘못된 훈육	비행 없음	1.61	1,297	-2.38**	비행 없음	1.45	929	-3.11**
	비행시작	1.76	275		비행시작	1.61	296	
비행친구	비행 없음	.06	1,297	-7.15***	비행 없음	.06	924	-9.07***
	비행시작	.25	273		비행시작	.24	296	

* p<.05, ** p<.01, *** p<.001 수준에서 유의미

마지막으로 비행경험이 없는 청소년과 비행을 시작한 청소년들 사이에 보호요인과 위험요인의 차이가 있는가를 살펴보았다. 살펴본 결

과 <표 4-2-6>과 같이, 중학교시기의 경우 비행경험이 없는 청소년 집단의 보호요인 평균값이 15.91로 비행을 시작한 청소년 집단의 평균값 15.46보다 높았다. 이를 통해 비행경험이 없는 청소년과 비행을 시작한 청소년들 사이에 보호요인은 통계적으로 유의미한 차이가 있는 것으로 나타났다(p<.05).

또한 위험요인에서도 비행경험이 없는 청소년 집단의 평균값은 1.68, 비행을 시작한 청소년 집단의 평균값은 2.00로 그 차이가 통계적으로 유의미했다(p<.05). 고등학교시기도 중학교시기와 마찬가지로 보호요인과 위험요인의 평균값 차이가 통계적으로 유의미했다(p<.05).

〈표 4-2-6〉 비행 없음-비행시작집단 간 보호요인과 위험요인 비교

	중학교시기				고등학교시기			
	비행 없음-비행시작	평균	사례	T값	비행 없음-비행시작	평균	사례	T값
보호요인	비행 없음	15.91	1,296	2.29[*]	비행 없음	15.54	928	4.92[***]
	비행시작	15.46	275		비행시작	14.62	294	
위험요인	비행 없음	1.68	1,295	-5.07[***]	비행 없음	1.51	923	-6.11[***]
	비행시작	2.00	273		비행시작	1.85	296	

[*] p<.05, [**] p<.01, [***] p<.001 수준에서 유의미

3. 인생사건과 비행시작: 보호요인 및 위험요인

'인생사건 경험 여부'와 '비행시작 여부'에 따라 네 가지 집단으로 구분하여, '부모애착', '교사애착', '성적', '비행친구', '잘못된 훈육'의 평균 차이가 있는지를 살펴보았다.

이를 위해 먼저, '인생사건 경험 여부와 비행시작 여부'에 따라 다음 네

가지 집단으로 구분하였다. 첫 번째 집단은 인생사건을 경험하고 비행을 시작한 경우, 두 번째 집단은 인생사건을 경험하고 비행 경험이 없는 경우, 세 번째 집단은 인생사건을 경험하지 않았지만 비행을 시작한 경우, 네 번째 집단은 인생사건을 경험하지 않았고, 비행경험도 없는 경우이다.

네 가지 집단별로 '부모애착', '교사애착', '성적', '비행친구', '잘못된 훈육' 평균차이를 살펴보았다.

〈표 4-2-7〉 '사건 여부에 따른 비행 여부 집단'의 부모애착, 교사애착, 성적비교(중학교)

	부모애착		교사애착		성적	
	평균 (사례)	F값	평균 (사례)	F값	평균 (사례)	F값
사건○ 비행○	3.33(21)④		2.73(21)③		8.47(21)④	
사건○ 비행×	3.46(50)②		2.74(50)②		10.38(50)①	
사건× 비행○	3.42(254)③	1.07n.s.	2.62(254)④	1.144n.s.	9.48(254)③	3.400***
사건× 비행×	3.50(1,247)①		2.73(1,247)①		9.65(1,247)②	
전체	3.49(1572)		2.71(1572)		9.63(1,572)	

*$p < .05$, **$p < .01$, ***$p < .001$ 수준에서 유의미   n.s. = not significant

<표 4-2-7> 결과를 살펴보면, 중학교시기에 '부모애착', '교사애착'은 집단별로 유의미한 차이를 보이고 있지 않았으나($p < .05$), '성적'은 집단 간 유의미한 차이를 나타내고 있었다($p < .05$). 인생사건 경험이 있고 비행경험은 없는 집단의 성적이 가장 높았고, 그 다음으로 인생사건 경험이 없고 비행경험이 없는 집단, 그 다음은 인생사건 경험이 없고 비행을 시작한 집단, 마지막으로 인생사건 경험이 있고 비행을 시작한 집단 순으로 나타났다.

반면에 고등학교시기의 결과인 <표 4-2-8>을 보면, '부모애착', '교사애착', '성적' 모두 집단별로 유의미한 차이를 보이고 있었다($p < .05$). 그러나 중학교시기처럼 뚜렷한 경향성을 보이고 있지는 않았다.

<표 4-2-8> '사건 여부에 따른 비행 여부 집단'의
부모애착, 교사애착, 성적비교(고등학교)

	부모애착		교사애착		성적	
	평균 (사례)	F값	평균 (사례)	F값	평균 (사례)	F값
사건○ 비행○	3.26(18)③		2.41(18)④		9.22(18)②	
사건○ 비행×	3.25(38)④		2.80(38)①		9.63(38)①	
사건× 비행○	3.32(276)②	10.56***	2.57(278)③	4.63**	8.70(278)④	4.21**
사건× 비행×	3.56(890)①		2.76(892)②		9.20(892)③	
전체	3.50(1,222)		2.71(1,226)		9.10(1,226)	

* p<.05, ** p<.01, *** p<.001 수준에서 유의미

개별위험요인들의 평균차이인 <표 4-2-8>을 살펴보면, 중학교시기와 고등학교시기 모두 잘못된 훈육과 비행친구는 집단 간 평균의 차이가 유의미하게 나타났다(p<.05). 또한 중학교시기와 고등학교시기 모두 동일한 경향성도 나타나고 있다. 경향성을 살펴보면 다음과 같다. 비행친구와 잘못된 훈육 모두 동일하게 인생사건 경험이 있고 비행을 시작한 집단이 가장 높은 평균값을 지니고 있었다. 그 다음으로는 인생사건 경험이 없고 비행을 시작한 집단, 그 다음은 인생사건 경험 없고 비행경험도 없는 집단, 마지막으로 인생사건 경험은 있지만 비행경험이 없는 집단이 가장 낮은 평균값을 지니고 있었다.

<표 4-2-9> '사건 여부에 따른 비행 여부 집단'의 잘못된 훈육, 비행친구 비교

	중학교시기				고등학교시기			
	잘못된 훈육		비행친구		잘못된 훈육		비행친구	
	평균 (사례)	F값	평균 (사례)	F값	평균 (사례)	F값	평균 (사례)	F값
사건○ 비행○	1.90① (21)	2.56*	.29① (21)	36.09***	1.75① (18)	4.44**	.41① (18)	49.34***
사건○ 비행×	1.50④ (50)		.04④ (50)		1.53③ (38)		.09③ (38)	

	중학교시기				고등학교시기			
	잘못된 훈육		비행친구		잘못된 훈육		비행친구	
	평균 (사례)	F값	평균 (사례)	F값	평균 (사례)	F값	평균 (사례)	F값
사건× 비행○	1.75② (254)		.25② (252)		1.60② (278)		.23② (278)	
사건× 비행×	1.62③ (1,247)		.06③ (1,246)		1.45④ (891)		.06④ (886)	
전체	1.64 (1,572)		.10 (1,569)		1.49 (1,225)		.10 (1,220)	

* p<.05, ** p<.01, *** p<.001 수준에서 유의미

마지막으로 보호요인과 위험요인의 각 집단별 평균차이를 살펴보았다. 그 결과 <표 4-2-10>과 같다. 중학교와 고등학교시기 모두 보호요인은 집단 간 평균값의 차이가 유의미하게 나타났다(p<.05). 중학교시기에 보호요인의 평균값 순서를 살펴보면, 인생사건 경험이 있고 비행경험이 없는 집단이 가장 높은 평균값을 지니고 있었다. 그 다음으로는 인생사건 경험이 없고 비행경험 없는 집단이, 그 다음은 인생사건 경험 없고 비행을 시작한 집단, 가장 평균값이 낮은 집단은 인생사건도 경험하고 비행을 시작한 집단이다. 고등학교시기에 보호요인의 평균값의 순서를 살펴보면, 인생사건 경험이 있고 비행경험이 없는 집단이 가장 높은 평균값을 지니고 있었다. 그 다음으로는 인생사건 경험이 없고 비행경험 없는 집단이, 그 다음은 인생사건 경험 있고 비행을 시작한 집단, 가장 평균값이 낮은 집단은 인생사건도 경험 없고 비행을 시작한 집단이다.

중학교와 고등학교시기의 집단별 보호요인의 경향에서 흥미로운 점은 두 시기 모두 보호요인의 평균값이 가장 높은 집단은 인생사건은 경험했지만 비행경험이 없는 집단이라는 것이다.

<표 4-2-10> '사건 여부에 따른 비행 여부 집단'의 보호요인, 위험요인 비교

| | 중학교시기 | | | | 고등학교시기 | | | |
| | 보호요인 | | 위험요인 | | 보호요인 | | 위험요인 | |
	평균 (사례)	F값	평균 (사례)	F값	평균 (사례)	F값	평균 (사례)	F값
사건○ 비행○	14.54④ (21)		2.19① (21)		14.90③ (18)		2.16① (18)	
사건○ 비행×	16.58① (50)		1.54④ (50)		15.68① (38)		1.63③ (38)	
사건× 비행○	15.53③ (254)	3.34*	1.98② (254)	9.33***	14.60④ (276)	8.17*	1.83② (275)	17.29***
사건× 비행×	15.88② (1,246)		1.69③ (1,246)		15.54② (890)		1.51④ (885)	
전체	15.83 (1,571)		1.74 (1,571)		15.32 (1,222)		1.60 (1,219)	

* $p<.05$, ** $p<.01$, *** $p<.001$ 수준에서 유의미

각 집단별 위험요인의 차이를 보여주는 결과는 <표 4-2-10>과 같다. 그 결과를 구체적으로 살펴보면, 중학교시기와 고등학교시기의 위험요인도 각 집단 간 평균차이가 유의미한 것으로 나타났다 ($p<.05$). 중학교시기 위험요인의 경우에는 인생사건을 경험하고 비행을 시작한 집단이 평균값이 가장 높았다. 그 다음으로는 인생사건 경험이 없고 비행을 시작한 집단, 인생사건 경험이 없고 비행경험이 없는 집단, 마지막으로 인생사건은 경험했지만 비행경험은 없는 집단이 가장 낮은 평균값을 가지고 있었다. 그러나 고등학교시기의 위험요인은 인생사건을 경험하고 비행을 시작한 집단이 평균값이 가장 높았다. 그 다음으로는 인생사건 경험이 없고 비행을 시작한 집단이었다. 세 번째는 중학교시기와는 다르게 인생사건을 경험하고 비행경험이 없는 집단, 가장 낮은 평균값을 지니고 있는 집단은 인생사건도 경험하지 않고 비행경험도 없는 집단이었다.

제3장
인생사건은 청소년 비행 시작에 영향을 미치는가?

지금까지 인생사건과 비행시작의 전반적 실태에 대해 살펴보았다. 그 결과 인생사건을 경험한 청소년들이 인생사건을 경험하지 않은 청소년에 비해 비행시작 분포가 많았다.

이에 본 절에서는 부정적 인생사건[36]을 경험하면, 비행을 시작할 가능성이 높은지 확인해보았다. 이를 위해 로지스틱회귀분석을 실시하였다.

그 결과 <표 4-3-1>과 같이, 인생사건이 비행시작에 미치는 영향은 통계적으로 유의미하였다($p<.05$). 이와 같은 결과는 <가설 1>을 지지한다. 또한 인생사건의 odd ratio는 2.049였다. 인생사건을 경

---

36) 여기서 인생사건은 당해 연도 사건을 의미한다. 즉 중학교 3학년시기에 비행을 시작한 청소년을 종속변수로 사용할 경우에는 중학교 3학년시기에 경험한 인생사건을 독립변수로 사용하였으며, 고등학교 1학년시기에 비행을 시작한 청소년을 종속변수로 사용할 경우에는 고등학교 1학년시기에 경험한 인생사건을 독립변수로 사용하여 분석하였다.

험한 청소년이 인생사건을 경험하지 않은 청소년에 비해 약 2배가량 비행시작가능성이 증가하였다. 즉 부모의 이혼, 부모의 별거, 부모의 사망, 부모의 경제적 실패, 불이익적 경험 등과 같은 인생사건은 청소년들이 비행을 시작할 가능성을 높일 만큼 중요하다는 것을 확인할 수 있었다.

〈표 4-3-1〉 인생사건이 비행시작에 미치는 영향

독립변인	추정치(B)	표준오차(S.E)
성별	-.163	.139
모취업[37]	.177	.138
인생사건	**.717**[**]	.277
Constant	-1.464	42.551
-2 Log Likelihood	1,354.401	
Model x^2 (df)	9.517(3)[*]	
Nagelkerke R^2	.011	
종속변인	**비행시작**	

[*] $p<.05$, [**] $p<.01$, [***] $p<.001$ 수준에서 유의미

　둘째로 발전-생애과정범죄학에서는 인생단계마다 범죄에 대한 다른 개념이 존재하며, 인생사건도 청소년들의 발달과정 안에서 대두시점에 따라 전환점이 될 수도 있고 전환점이 되지 않을 수도 있다고 한다. 청소년들의 발달단계에 따라 인생사건은 다른 의미를 지닐 수 있다는 것이다.

　본 연구에서는 청소년발달단계를 중학생과 고등학생이라는 사회적 조건을 고려하여, 인생사건이 비행시작에 미치는 영향을 살펴보았다.

---

37) 성별 이외에 어머니의 취업 여부를 통제하였다. 어머니의 취업 여부를 인생사건을 경험하는 데 있어 영향을 미치는 요인으로 제안한 것이다. 어머니의 취업은 어머니의 실직이나 사업실패와 같은 부모의 비자발적 사건이나 이혼, 별거와 같은 부모의 자발적 사건과 같은 청소년들이 경험하는 인생사건에 영향력을 미칠 것으로 가정될 수 있기 때문이다. 본 연구의 분석에서는 어머니가 취업을 한 경우에는 1, 어머니가 취업을 하지 않은 전업주부인 경우에는 0으로 범주화하였다. 어머니가 취업한 경우는 1, 2, 3년도 조사 모두 50%를 약간 상회하여 나타났다.

그 결과 <표 4-3-2>에 제시되었듯이, 중학교시기[38]의 경우 인생사건이 비행시작에 미치는 영향이 통계적으로 유의미하다(p<.05). 그러나 고등학교[39]시기의 경우에는 인생사건이 비행시작에 미치는 영향이 통계적으로 유의미하지 않다(p<.05).

위의 결과를 통해 청소년들의 발달단계에 따라 인생사건이 비행시작에 미치는 영향에 차이가 있음을 확인할 수 있었다. 이는 생애주기를 연령 혹은 생애단계에 따라 분리하여, 각 단계에 따라 특정의 공식적·비공식적 사회통제제도(institution)가 변화한다고 주장했던 샘슨과 라웁의 주장과도 맥락을 함께한다고 할 수 있다(Sampson & Laub, 2001: 23). 이처럼 어떤 시점에서 인생사건을 경험하느냐에 따라 사람들의 삶의 궤적이 수정되기도 하고 수정되지 않기도 한다(Elder, 1986; Rutter et al., 1990; Sampson & Laub, 1990).

〈표 4-3-2〉 시기별로 인생사건이 비행시작에 미치는 영향

독립변인	중학교시기		고등학교시기	
	추정치(B)	표준오차(S.E)	추정치(B)	표준오차(S.E)
성별	-.163	.139	-.307	.138[*]
모취업	.177	.138	.197	.137
인생사건	**.717**[**]	.277	.476	.307
Constant	-1.464	42.551	-.809	.220
-2 Log Likelihood	1,354.401		1,286.554	
Model x^2 (df)	9.517(3)[*]		9.129(3)[*]	
Nagelkerke R^2	.011		.012	
종속변인	**비행시작**			

[*] p<.05, [**] p<.01, [***] p<.001 수준에서 유의미

<표 4-3-2>의 결과는 발전-생애과정범죄학에서 주장했던 시

---

38) 중학교시기에 비행을 시작한 275명 모두가 학생 신분이다.

39) 고등학교시기에 비행을 시작한 293명 중 3명을 제외하고 모두 학생 신분이다.

간에 따른 행동에 있어서의 연속성과 비연속성, 그리고 청소년발달단계에 따른 변화를 다시 한 번 확인한 결과라고 할 수 있다(Sampson & Laub, 2001: 23). 그러나 기존의 발전 – 생애과정범죄학에서는 주로 청소년시를 연령이나 발달심리학에서 제기하는 청소년발달단계로 구분하여 사고하였다. 대표적인 학자인 손베리는 가정과 학교 그리고 비행친구들과 같은 요인들이 11세에서 20세에 이르는 청소년 전 시기에 걸쳐, 시간에 따라 상대적 영향력을 지닌다고 했다. 이러한 손베리의 논의는 이철(2008)에 의해 국내에서도 확인되었다.

그러나 본 연구에서는 한국적인 맥락에서 중학교와 고등학교라는 사회적 조건을 중심으로 청소년들의 발달단계를 구분해서 사용했다. 중학교와 고등학교라는 사회적 조건은 연령에 따른 청소년발달의 반영일 뿐만 아니라, 청소년발달에 영향을 미치는 중요한 요소이다. 중학교와 고등학교라는 사회적 조건은 청소년발달과 쌍방향적(biderectional) 관계라고 할 수 있다.

중학교와 고등학교라는 사회적 조건은 청소년의 생활 실태나 자아관[40)]에 영향을 미치는 중요한 요소이다. 중학생은 고등학생보다 미래에 대한 포부도 높으며, 타인이 자신을 어떻게 생각하는지를 중요하게 생각한다(박효정, 2003; 한상철, 2004). 또한 고등학생들이 느끼는 학생이라는 정체성은 중학생들과는 다른 차이가 있다. 고등학생이라는 정체성은 중학생시기와는 다른 내면화과정을 경험하게 한다. 고등학생이기 때문에 해서는 안 되는 행동이 있으며, 중학생들에게 허용되었던 행위가 더 이상 고등학생들에게는 허용되지 않는다. 이러한

---

40) 청소년들의 발달과정에서 자아발달은 인간발달을 특징짓는 주요한 구성개념으로서 개인이 자신의 변화하는 생애경험에 주관적으로 부여하는 근원적인 '의미의 개념틀'로 이해한 레빈저(Loevinger)는 청소년기의 자아발달단계를 청소년 초기(12세~15세: 중학교)와 청소년 중기(15세~18세: 고등학교) 그리고 청소년 후기(18세~21세)로 분류하였다. 그리고 연령이 증가하면서 청소년의 자아수준도 향상된다고 주장하였다 (한상철, 2004: 154).

사회적 규정 속에서 고등학생들은 중학생들보다 성숙해야 한다고 믿는다. 고등학생들은 자연스럽게 높은 자기 통제와 행위 제약들을 내면화한다. 그러므로 중학생들의 경우에는 충격적인 인생사건을 경험했을 경우 새롭게 비행을 저지를 수 있지만, 자신에 대한 통제가 강한 고등학생들은 충격적인 '인생사건'을 경험했다고 해서 새롭게 비행을 시작하지는 않을 것이다.

그럼 고등학생들이 중학생보다 자신에 대한 통제력이 높은지 추가적인 분석을 통해 살펴보았다.

〈표 4-3-3〉 각 시기별 자기 통제의 평균과 표준편차

변인	시기	평균(M)	표준편차(SD)
자기 통제	중학교 2학년	2.67	.66
	중학교 3학년	2.69	.67
	고등학교 1학년	2.65	.66
	고등학교 2학년	2.64	.65

<표 4-3-3>은 각 시기별 자기 통제[41]의 평균과 표준편차를 나타낸 표이다. 중학교 2학년시기에 자기 통제 평균값은 2.67, 중학교 3학년시기에 자기 통제 평균값은 2.69, 고등학교 1학년시기는 자기 통제 평균값이 2.65, 고등학교 2학년시기는 자기 통제 평균값이 2.64였다. <표 4-3-3>의 결과는 연령에 따라 일관성 있게 자기 통제력이 나타나지 않았다. 그러나 중학교와 고등학교라는 사회적 조건을 고려하여 청소년발달단계를 살펴보면, 중학교 2학년(M = 2.67)과 중학교 3학년(M = 2.69)에 비해 고등학교 1학년(M = 2.65)과 고등학교 2학

---

41) 자기 통제는 '나는 내일 시험이 있어도 재미있는 일이 있으면 우선 그 일을 하고 본다', '나는 일이 힘들고 복잡해지면 곧 포기한다', '나는 위험한 활동을 즐기는 편이다', '나는 사람을 놀리거나 괴롭히는 일이 재미있다', '나는 화가 나면 물불을 가리지 않는다', '나는 학교숙제를 제때에 잘 해가지 않는 편이다' 6문항으로 '전혀 그렇지 않다' 1점에서 '매우 그렇다'의 5점으로 5점 척도를 사용하였다.

년(M = 2.64)이 자신에 대한 통제력이 더 높다는 것을 알 수 있다. 이와 같은 결과를 통해 자기 통제가 연령 차이가 아닌 중학교와 고등학교라는 사회적 조건의 차이라는 것을 알 수 있었다.

위의 평균의 변화가 통계적으로 유의한지, 반복측정(GLM: Repeated Measure)을 실시한 결과가 <표 4-3-4>이다. 그 결과 자아통제는 종단시기별로 유의한 차이가 있었다(p<.001).

〈표 4-3-4〉 각 시기별 자기 통제의 변화: GLM 분석

변인	제Ⅲ유형 제곱의 합	자유도	평균제곱	F 값
자기 통제	5.13	3	1.71	7.47[***]
오차	1,992.53	8,706	.22	

[***] p<.001 수준에서 유의미

<표 4-3-3>과 <표 4-3-4>의 결과를 통해, 중학생보다 고등학생이 더 자기 통제력을 지니고 있다는 것을 확인할 수 있었다. 그러므로 인생사건과 같은 충격을 경험했을 때, 중학생보다 고등학생들이 스스로를 잘 억제하여 비행을 시작하지 않는 것이다.

셋째로 친사회적 행동패턴을 보이던 청소년들이 반사회적 행동패턴으로 변환하게 하는 인생사건에는 어떠한 것이 있는가를 살펴보았다. 구체적으로 청소년들이 경험하는 특수한 사건들 중에서 어떤 유형이 비행시작에 영향을 미치고 있는지를 확인해보았다. 이를 위해 로지스틱회귀분석을 실시하였다.

그 결과 <표 4-3-5>와 같다. <표 4-3-5>를 살펴보면 '부모 비자발적 사건'과 '불이익적 사건'은 비행시작에 유의미한 영향을 미치는 것으로 나타났지만(p<.05), '부모 자발적 사건'은 비행시작에 유의미하지 않은 것으로 나타났다(p<.05). 유의미한 '부모 비자발적 사건'의 odd ratio가 3.376, '불이익적 사건'의 odd ratio가 7.653이었다. '부모 비자발적 사건'을 경험하지 않은 청소년에 비해 '부모 비자발적 사건'을 경험한 경우 비행을 시작할 가능성이 3.3배로 높았으며, '불이익적 사건'의 경우를 살펴보면 '불이익적 사건'을 경험하지 않은 청소년들에 비해, 불이익적 사건을 경험한 청소년들이 비행시작을 할 가능성은 7.6배로 매우 크게 증가하였다.

〈표 4-3-5〉 개별 인생사건이 비행시작에 미치는 영향

독립변인	추정치(B)	표준오차(S.E)
성별	-.154	.139
모취업	.175	.138
부모 비자발적 사건	1.147**	.418
부모 자발적 사건	.292	.394
불이익적 사건	1.897*	.769
Constant	-1.485	.225
-2 Log Likelihood	1347.285	
Model x^2 (df)	16.634(5)*	
Nagelkerke R^2	.019	
종속변인	비행시작	

* p<.05, ** p<.01, *** p<.001 수준에서 유의미

일반적으로 부모의 이혼, 재혼과 같은 사건은 청소년들의 삶을 변화시키는 중요한 요인으로 알려져 왔다. 부모의 이혼, 재혼 등과 관련된 이전의 연구들을 살펴보면, 부모의 이혼, 재혼 등이 자녀의 적응에 부정적인 영향을 미치며, 이혼가정이나 재혼가정 자녀의 경우 상대적으로 이혼을 하지 않은 가정이나 재혼을 하지 않은 가정에 비해 우울과 같은 심리정서문제, 공격성과 같은 반사회적인 행동문제를 보이고

더 나아가서는 학교중퇴, 약물남용과 같은 더욱 심각한 문제로 이어
진다고 주장하는 연구들이 많이 제시되었다(정진영, 1992; 주소희,
1991; 황옥자, 1987).

그런데 본 연구에서 검증한 결과 부모의 이혼 등과 같은 부모 자발
적 사건은 비행시작에 직접적인 영향을 미치고 있지 않았다. 이러한
결과는 최근 새롭게 부모의 이혼과 재혼에 관련된 연구들에서 제기하
고 있는 문제의식과 경험적 연구결과들과 맥락을 함께한다. 최근 부
모의 이혼과 재혼 등 관련연구에서는 부모의 이혼이나 재혼과 같은
부모의 자발적 사건이 자녀의 반사회적 행동에 직접적인 영향을 미치
지 않는다는 경험적 결과들이 도출되고 있으며, 부모 이혼의 어려움
속에서도 많은 아이들의 이혼의 스트레스에 대해 적절하게 적응하고
있다는 연구들도 제시되고 있다(Germezy, 1993; Grych & Finchan, 1997;
Hetherington et al., 1998; 주소희, 2007 재인용).

본 연구의 결과에서는 이혼, 재혼 등과 같은 부모의 자발적 사건이
비행시작에 미치는 영향이 유의미하지 않게 나타났다. 하지만 분명한
것은 부모의 자발적 사건이 청소년의 삶에 커다란 충격이라는 사실이
다. 부모의 자발적 사건이 비행시작과 같은 문제행동으로 나타나는
것이 아니라면 적어도 청소년들의 생활에는 어떠한 영향을 주고 있는
지 살펴보았다.

이를 위해 2차 연도 부모 자발적 사건을 경험한 청소년들을 대상으
로 부모 자발적 사건을 경험하기 이전인 1차 연도 주변 환경과 부모 자
발적 사건을 경험한 이후인 3차 연도 주변 환경에 대해 대응비교 t－검
정을 실시하였다. 그 결과 부모 자발적 사건을 경험하기 전과 경험한
후의 부모애착, 비행친구, 학교애착의 평균차이는 통계적으로 유의미하
지 않았다(p<.05).

<표 4-3-6> 부모의 자발적 사건 전후(前後) 주변 환경 비교

	부모 자발적 사건 이전 평균	부모 자발적 사건 이후 평균	대응비교 t값(df)
부모애착	3.27	3.29	-0.24(91)n.s.
비행친구	0.22	0.29	-0.98(92)n.s.
학교애착	3.59	3.54	0.47(92)n.s.

* p<.05, ** p<.01, *** p<.001 수준에서 유의미   n.s.=not significant

<표 4-3-6>의 결과를 통해 청소년들이 부모 자발적 사건을 경험했다고 해서, 부모애착이 낮아지거나 비행친구가 더 많아지거나 학교애착이 낮아진다고 단언할 수 없었다.

부모의 이혼이나 재혼과 같은 부모의 자발적 사건은 청소년들의 생활환경변화에도 영향력이 없었다. 이러한 결과는 부모의 이혼이나 재혼을 경험하는 청소년 개개인의 성향이나 환경 차이에 근거한다고 할 수 있다. 부모의 이혼이나 재혼을 경험하는 개인에 따라 부정적인 영향을 미칠 수도 있고 오히려 긍정적인 영향을 미칠 수도 있다. 그렇기 때문에 부모의 이혼이나 재혼과 같은 부모의 자발적 사건은 개인별로 연구가 진행되어야 심층적 이해가 가능할 것이다.

비행시작에 유의미한 영향관계를 지니고 있는 개별적 인생사건 중에서 흥미로운 점은 '불이익적 사건'이다. 일반적으로 청소년들에게 가장 두려운 일 중의 하나가 부모의 사망이나 이별일 것이다. 그런 의미에서 '부모 비자발적 사건'은 청소년들의 비행시작이라는 궤적의 진입에 영향력이 있다는 것은 당연한 결과일지도 모른다. 그러나 '불이익적 사건'은 다른 사건들에 비해 연구자들의 관심 밖에 위치해 있었으며, 일반적으로 불이익적 사건과 비행시작 관계에 대해 예상하지 못했다. 그런데 본 연구의 결과를 보면, 불이익적 사건이 비행시작에 유의미한 영향력을 보이고 있다. 이에 대해 다음과 같은 예상을 해볼

수 있다. 청소년기는 대부분 시간을 부모와 함께 보내던 아동기와는
달리, 학교 그리고 그 밖의 공간들을 통해 부모 이외의 타인들과 관계
를 맺으며 그들의 인간관계를 넓혀간다. 청소년기에는 부모가 아닌
다른 사람들이 청소년들의 생활에 강력하게 영향을 미치기 시작한다.
그러므로 청소년들에게 부모 이외 타자의 반응은 매우 중요하다.

불이익적 사건은 학교에서의 치욕적 대우나 주변사람들로부터 심
하게 야단을 맞은 적이 있는지와 같은 청소년들의 생활에 삐거덕거림
을 일으킬 수 있는 사건이다. 즉 부모 이외 주변 타자의 반응이다.

사람들이 타인으로부터의 부당한 대우를 당했을 경우, 청소년들은
성인들에 비해 더 분노하기 쉽다. 그리고 이러한 분노는 공격적인 행
동으로 또는 문제행동으로 이어지기 쉽다. 물론 모든 분노가 공격적
인 행동이나 문제행동으로 이어지는 것은 아니다. 그러나 분명한 것
은 불이익적 사건이 비행과 같은 행동패턴을 시작할 수 있게 하는 매
우 중요한 기회적 사건이 될 수 있다는 것이다.

　현실적으로 청소년들이 부정적인 인생사건을 경험했다고 해서 모두 비행을 시작하는 것은 아니다. 어떤 청소년들은 비행을 시작하고 어떤 청소년들은 비행을 하지 않는다. 인생사건을 경험한 청소년들 중의 일부만이 비행을 시작하는 이유를 청소년 주변 환경 속에서 찾아보고자 한다. 청소년 주변 환경은 비행을 유발시키는 환경과 비행을 억제시키는 환경으로 구분할 수 있다. 청소년들이 동일한 시기에 동일한 인생사건을 경험하더라도, 그들에게 주어진 환경이 비행을 유발시키는 환경에 있느냐, 비행을 억제시키는 환경에 있느냐에 따라 청소년들의 행위는 차이가 있을 것이다. 이에 본 절에서는 청소년들이 경험하는 사회적 환경을 '인생사건과 비행의 시작'이라는 관계 속에서 위험요인과 보호요인으로 구분하여, 일부만이 비행을 시작하는 이유를 살펴본다. 이를 위해 소집단 분석(subgroup analysis)을 실시한다.

1. '인생사건이 비행시작에 미치는 영향'에 대한 보호 기제

제3장에서 확인한 바와 같이 부모의 사망, 가출, 불이익적 경험과 같은 인생사건을 경험하면 비행을 시작할 가능성이 높다. 그런데 현실에서는 인생사건을 경험한 청소년들의 일부만이 비행을 시작한다. 본 연구에서는 인생사건을 경험한 청소년들의 일부만이 비행이라는 새로운 궤적으로 진입하는 이유를 '부모애착', '성적', '교사애착'과 같은 사회유대요소들을 통해 확인해보고자 한다.

사회유대이론에서는 인간도 동물이고, 범죄를 저지를 소질은 인간 본성의 일부라고 한다. 그러나 사람들이 범죄를 저지르지 않는 이유는 가정이나 학교와 같은 제도에 대한 개인의 사회적 유대가 탄탄하기 때문이라고 한다(Hirschi, 1969). 즉 사회유대요소가 존재한다면 비행은 억제될 수 있다는 것이다.

이에 본 연구에서는 부모애착, 성적, 교사애착과 같은 사회유대요소가 존재할 경우, 부정적 인생사건을 경험했을 때 청소년들이 과연 비행을 시작할 가능성이 있는지에 대해 살펴보았다.

이를 검증하기 위해 다음과 같은 방법을 사용하였다. '부모애착', '교사애착', '성적'을 유대가 많음, 유대가 보통, 유대가 적음[42]이라는 세 집단으로 나누고, 각 집단별로 인생사건이 비행시작에 미치는 영향을 로지스틱회귀분석을 하였다. 로지스틱회귀분석을 실시한 후, 각 집단별 차이를 비교하였다.

---

42) 사회유대이론은, 가족, 학교, 동료 등과 같은 사회집단에 밀접하게 연대되어 있는 사람은 비행행위를 하게 되지 않는다고 한다(Hirchi, 1969: 31). 사회집단과 밀접하게 연대되어 있는 정도를 유대 많음, 유대 보통, 유대 적음으로 나누어서 유대 많음은 상으로, 유대보통은 중으로, 유대 적음은 하로 표시하였다. 이를 위해 사회유대요소를 5등분하여 상위 20%를 상으로 하위 20%를 하로 나머지 부분을 중으로 정의하였다.

먼저 '부모애착'이, 인생사건이 비행시작에 미치는 영향을 완충하는지를 살펴보았다. 그 결과 <표 4-4-1>과 같았다. 구체적으로 살펴보면, 부모애착이 많은 집단과 부모애착이 보통인 집단에서는 인생사건이 비행시작에 통계적으로 유의미한 영향을 미치고 있지 않았다(p<.05). 그러나 부모애착이 적은 집단의 경우에는 인생사건이 비행시작에 통계적으로 유의미하게 영향을 미치고 있으며(p<.05), 인생사건의 odd ratio는 3.014였다.

부모애착이 적은 집단에서 청소년들이 인생사건을 경험할 경우에 비행을 시작할 가능성은 3.0배였다. 위의 결과를 통해 '인생사건이 비행시작에 미치는 영향'에 대한 부모애착의 보호효과가 있음을 확인할 수 있었다. 부모애착은 비행시작을 억제하는 요소일 뿐만 아니라 부정적인 인생사건이라는 고위험상황에서, 부정적 인생사건의 위험을 경감시키는 작용을 하고 있다는 것을 알 수 있었다.

〈표 4-4-1〉 인생사건과 비행시작의 로지스틱회귀분석: 부모애착 정도별 비교

| 독립변인 | 부모애착 | | | | | |
| | 상 | | 중 | | 하 | |
	추정치(B)	표준오차(S.E)	추정치(B)	표준오차(S.E)	추정치(B)	표준오차(S.E)
성별	-.272	.338	-.252	.207	-.027	.229
모취업	.363	.337	.172	.206	.095	.225
인생사건	.832	.718	.100	.512	1.103[*]	.384
Constant	-1.411	.554	-1.308	.341	-1.628	.357
-2 Log Likelihood	230.349		611.565		508.945	
Model x^2 (df)	2.867(3)		2.236(3)		7.716(3)[*]	
Nagelkerke R^2	.019		.006		.023	
종속변인	비행시작					

[*] p<.05, [**] p<.01, [***] p<.001 수준에서 유의미

일반적으로 아들보다 딸들이 부모와의 밀착도가 높다고 한다. 특히 어머니들이 아들보다 딸에게 상호작용을 강하게 하는 경향이 있다 (Brooks‐Gunn & Mathews, 1979; Moss, 1972; 김준호·김은경, 1994 재인용). 딸들은 타자와 밀접하고 의존적인 관계를 형성하도록 사회화되는 반면에 아들들은 일반적으로 좀 더 독립적이고, 타자와의 감정적인 유대를 덜 맺도록 고무되는 경향이 있다.

위와 같은 내용에 미루어, 부모와의 애착이 남자청소년에 비해 여자청소년들이 더 강하게 형성된다고 가정한다면, 인생사건이 비행시작에 미치는 영향이 성별에 따라 차이가 날 수 있다. 즉 여자청소년들은 남자청소년들에 비해 부정적 인생사건을 경험하고도 비행으로 진입할 가능성이 적을 수 있다는 것이다.

이에 여자청소년들이 남자청소년들에 비해 부모와 더 많이 밀착되어 있는지를 확인해보았다. 또한 구체적으로 부모애착에 있어 초기에 성별에 따라 차이가 있는지 그리고 청소년들이 성장함에 따라 부모애착 변화가 남녀별로 다른지를 선형변화모형[43]을 적용하여 분석하였다.

〈표 4-4-2〉 성별이 부모애착에 미치는 영향

	부모애착 초기치	부모애착 변화율
성별	.151***	.013

Chi‐Square=40.819*** df=8 RMSEA=.056 CFI=.980 NFI=.978

---

43) 잠재성장모형의 변화모형은 비성장모형(no growth model), 선형변화모형(linear model), 2차 함수모형 (quadratic model) 등을 비교함으로써 변화의 형태를 가장 잘 보여줄 수 있는 모형을 찾을 수 있다. 비성장모형은 초기치에서 각 시점의 측정치로 나가는 화살표를 모두 1로 고정하고, 변화율에서 나가는 화살표는 모두 0으로 고정하여 전혀 변화가 없다는 가정을 한 모형이며, 선형변화모형은 초기치에서 각 시점의 측정치로 나가는 화살표를 1로 고정하고, 변화율에서 나가는 화살표를 0, 1, 2, 3으로 고정하여 4년 동안의 변화가 선형적으로 증가한다는 가정을 한 모형이다. 반면 2차 함수모형은 초기치에서 각 시점의 측정치로 나가는 화살표를 역시 1로 고정하고, 변화율에서 나가는 화살표를 0, 1, 2, 3으로 고정한 후 2차 함수변화율을 만들어서 각 시점의 측정치로 가는 화살표를 0, 1, 4, 9로 가정한 모형이다. 각 분석모형에 대한 비교결과 모형적합도 측면에서 선형변화모형이 가장 적합한 모델적합도를 보였다.

그 결과 <표 4-4-2>와 같았다. 분석결과를 살펴보면, 성별은 부모애착의 초기값과 유의미한 정적인 관계(.151)가 나타났다(p<.05). 그러나 부모애착의 변화율은 유의미한 관계가 나타나지 않았다 (p<.05). 성별이 부모애착의 초기값에 정적인 영향을 미친다는 것은 여자들의 부모애착 초기값이 높다는 것으로써 조사시작 시점인 중학교 2학년 때 이미 성별에 따라 부모애착에 차이가 있다는 것을 의미한다. 중학교 2학년시기에 여자청소년들이 남자청소년들에 비해 부모애착을 더 많이 지니고 있다는 것이다. 여자청소년과 남자청소년들의 부모애착 차이는 중학교 2학년시기 이전에 결정된다는 것을 알 수 있다. 그러나 부모애착의 변화율에는 유의미하지 않은 것으로 보아, 남녀 청소년들 간에 부모애착의 증가속도에는 차이가 나지 않음을 알 수 있었다.

초기값과 변화율을 모두 고려하여 종합해보면, 남녀 청소년들이 초기값에 차이가 있기 때문에, 발달에 따른 증가분에 차이가 없다고 하더라도 여자청소년들이 남자청소년들에 비해 부모애착을 더 많이 지니고 있다는 것을 확인할 수 있었다. 그러므로 부모애착이라는 보호요인을 더 많이 지니고 있는 여자청소년들이, 부정적 인생사건과 같은 위험에 직면했을 때 비행을 할 가능성이 더 낮을 것이라고 예상해 볼 수 있다.

기존의 많은 경험적 연구들을 살펴보면, 부모애착의 영향력이 남자청소년 비행에 비해 여자청소년 비행에게 크다는 결과를 제시한다 (Heimer & Coster, 1999; 이성식, 2002; 이상문, 2005). 하지만 왜 구체적인 차이가 나타나는지에 대한 연구들이 부족하다. 본 연구결과를 통해 조심스럽게 다음과 같은 가정을 해본다. 부모는 자녀를 양육할 때, 아들이나 딸이라는 성역할에 차이를 두고 양육을 한다. 그러므로 아들은 딸에 비해 어머니와의 상호작용에서 더 독립적인 객체로 인정받고, 그 과정에서 부모와의 애착에 차이가 나타난다. 이러한 성역할에 기반을 둔 양육의 차이가 남녀비행의 차이를 만들어낸다고 예측해볼 수 있다.

그러나 여기서 또 하나 주목해보아야 할 것은 시간의 흐름이다. 부모와의 상호작용은 중학교 이전 시기에는 매우 중요한 기제이지만 중학교 이후가 되면 부모보다는 친구나 학교생활이 더 중요하기 때문에, 부모의 영향력이 적어진다. 그러므로 남녀의 차이는 보이지 않는 것이다.

즉 청소년들이 성장함에 따라 성차별적 양육과정은 변화가 없지만 청소년들에게 미치는 영향력에는 차이가 있다는 것이다. 아동기에 비해 청소년기는 가족으로부터 독립적이기 위해 노력하는 시기이며 부모 이외 다른 사회적 환경들이 더 중요해지는 시기이기 때문에 부모의 양육에 대한 영향력은 상대적으로 감소한다. 그렇기 때문에 청소년들의 성장과정 안에서는 성별에 따른 부모애착에 차이가 없는 것이다.

두 번째, '교사애착'이 보호기능을 가지고 있는지를 살펴보았다. 그 결과, 교사애착이 많은 집단과 교사애착이 보통인 집단에서는 인생사건이 비행시작에 미치는 영향이 유의미하지 않았다($p<.05$). 그러나 교사애착이 적은 집단의 경우에는 인생사건이 비행시작에 유의미하게 영향을 미치고 있었으며($p<.05$), 인생사건의 odd ratio는 2.383이었다. 즉 교사애착이 적은 집단에서 청소년들이 인생사건을 경험할 경우에 비행을 시작할 가능성은 2.3배였다.

<표 4-4-3> 인생사건과 비행시작의 로지스틱회귀분석: 교사애착 정도별 비교

| 독립변인 | 교사애착 | | | | | |
| | 상 | | 중 | | 하 | |
	추정치(B)	표준오차 (S.E)	추정치(B)	표준오차 (S.E)	추정치(B)	표준오차 (S.E)
성별	-.156	.305	-.468	.292	-.073	.188
모취업	.700[*]	.305	-.012	.281	.073	.189
인생사건	.857	.572	.266	.584	.868[*]	.385
Constant	-1.864	.495	-1.072	.438	-1.438	.313
-2 Log Likelihood	289.901		338.944		715.893	
Model x^2 (df)	8.089(3)[*]		3.003(3)		4.895(3)	
Nagelkerke R^2	.040		.013		.011	
종속변인	비행시작					

[*] p<.05, [**] p<.01, [***] p<.001 수준에서 유의미

<표 4-4-3> 결과를 살펴보면, '인생사건이 비행시작에 미치는 영향'에 대한 교사애착의 완화효과를 확인할 수 있었다. 부모가 아니더라도 일상적인 규범을 지니고 있는 타인인 교사와의 감성적 유대가 인생사건이 비행시작에 미치는 영향을 완화시키고 있었다. 이는 베르너(Werner)가 1955년 하와이 Kauai 섬에 출생한 모든 아동들을 연구대상으로 하여 30년 동안 아이들의 발달과정을 추적한 'Kauai-연구'의 결과와 함께 고려하여 사고해볼 수 있다. 'Kauai-연구' 결과, 최소한 한 명의 성인과 집중적이고 신뢰적인 관계를 유지하고 있다면 자신감 넘치는 청소년으로 성장할 수 있다는 연구결과를 제출하였다(Werner & Smith, 1992). 아이들에게 친부모가 아니더라도 친밀한 성인이 있다면, 친밀한 성인이 비행을 억제하고 아이들을 건전하게 성장하게 하는 기제로 작용한다는 것이다.

고위험적 상황, 즉 부정적 인생사건을 경험하고 있는 청소년에게 친밀한 성인이 있다면 그것이 교사가 아니더라도 부정적 인생사건이 비행시작에 미치는 영향을 완화할 수 있다는 것이다. 이를 통해 청소

년비행과 관련된 실천적 대안을 생각해볼 수 있다. 청소년들과 지속적으로 신뢰관계를 유지하며 보호적 기능을 할 수 있는 전문가의 양성이다. 이러한 전문가들을 학교나 지역사회 안에 배치하여, 청소년들이 어려움이 생겼을 때 언제 어디서든지 찾아갈 수 있고, 전문가들이 문제 상황에 직면에 있는 청소년들에게 자연스럽게 다가갈 수 있다면 청소년 비행은 당연히 감소될 것이다.

또 다른 대안으로 학교교육목표를 다양화하여, 교사는 학생을 사랑하고 학생은 교사를 존경할 수 있는 환경을 만들자는 것이다. 한국 사회의 학교교육의 현주소는 학교 사망론, 탈학교사회론, 교실위기론 등과 같은 단어에서 알 수 있듯이 위태로운 위치에 서 있다. 또한 많은 학자들은 학교효과무용론을 제기하며, 비관적인 관점으로 학교를 주시하고 있다.

학교효과가 의미하는 바는 대단히 포괄적이다. 왜냐하면 학교효과는 표방된 교육목표에 대하여 각각의 학교들이 이를 어느 정도 성공적으로 달성했는가를 의미하는데, 제도교육이 추구하는 교육목표는 매우 복잡한 양상을 띠고 있어서 단일 교육목표를 제시하기란 불가능하다(Madaus, 1980; 성기선, 1998; 김병성, 2001 재인용). 그러나 서구의 어느 사회보다 우리 사회에서 교육목표는 학생들의 학업성취도로 매몰되어 있는 듯하다.

물론 교육의 질을 높이고 교육 전반의 효과성을 증진시키는 것은 매우 중요한 일이다. 하지만 모든 것이 혼란스러운 시기인 청소년들에게 학교는 단순히 효과적인 학습만을 하는 공간이 되어서는 안 된다. 그렇기 때문에 학교교육의 목표를 다양화하여 청소년들이 즐겁게 학교에서 교육받을 수 있고, 교사와 친밀하게 관계 맺을 수 있는 환경을 만들어야 한다.

본 연구의 결과를 살펴보면 교사와의 애착은 청소년들이 힘들고 괴로울 때 친사회적 상황으로 이끄는 유대의 끈이다. 학교 안에서 교사는 교과를 전달하는 도구가 아니라 청소년들에게 매우 중요한 정서적 타자인 것이다. 청소년들의 삶에서 매우 중요한 교사의 역할에 대해, 근본적인 교육목표 안에서 사고할 때 지금도 방황하고 있는 많은 청소년들의 삶의 질을 높이는 대안을 생산할 수 있을 것이다.

세 번째 '성적'이, 인생사건이 비행시작에 미치는 영향을 완충하는 기능을 가지고 있는지를 살펴보았다. 그 결과인 <표 4-4-4>를 살펴보면, 성적이 높은 집단과 성적이 보통인 집단에서는 인생사건이 비행시작에 미치는 영향이 유의미하지 않았다(p<.05). 그러나 성적이 낮은 집단의 경우에는 인생사건이 비행시작에 유의미하게 영향을 미치고 있었으며(p<.05), 인생사건의 odd ratio는 5.002였다. 성적이 낮은 집단의 청소년이 인생사건을 경험할 경우에 비행을 시작할 가능성은 5.0배였다.

〈표 4-4-4〉 인생사건과 비행시작의 로지스틱회귀분석: 성적별 비교

독립변인	성적					
	상		중		하	
	추정치(B)	표준오차 (S.E)	추정치(B)	표준오차 (S.E)	추정치(B)	표준오차 (S.E)
성별	-.156	.301	-.208	.184	-.128	.304
모취업	.266	.297	.259	.184	-.095	.304
인생사건	-.357	.772	.669	.374	**1.610***	**.559**
Constant	-1.621	.446	-1.389	.302	-1.393	.492
-2 Log Likelihood	303.505		762.472		280.453	
Model x^2 (df)	1.170(3)		6.523(3)		8.193(3)*	
Nagelkerke R^2	.006		.013		.043	
종속변인	비행시작					

* p<.05, ** p<.01, *** p<.001 수준에서 유의미

성적이 낮은 아이들에 비해 성적이 높은 아이들의 경우에는, 부정적 인생사건을 경험하는 경우 비행으로 진입하지 않았다. 이를 통해 인생사건이 비행시작에 미치는 영향에 대한 성적의 완화 효과를 확인할 수 있었다.

이처럼 성적은 인생사건이 비행시작에 미치는 영향을 완충하는 가장 확실한 요인 중의 하나임을 확인하였다. 한국 사회에서 '성적'은 최고의 유일한 가치이며, 성적이 우수하다는 것은 모든 우수함과 탁월함의 원형이며, 청소년 자신에게 가장 확실한 투자이며 미래이다 (김상봉, 2004). 성적이 우수한 청소년의 경우 비행을 통해 상실될 수 있는 투자분이나 순응에의 이해관계가 높기 때문에 부정적 인생사건을 경험했을 때 비행을 시작하지 않는 것은 당연한 일이다.

하지만 성적이라는 표면만을 가지고 인생사건이 비행시작에 미치는 영향을 완충하는 요소라고 사고해서는 안 될 것이다. 본 연구에서 성적은 사회유대이론 중에서 '관여'라는 요소로 설명하고 있다. '관여'는 관습적인 생활방식과 활동에 대해 투자하는 시간과 정열을 의미한다. 열망의 소유자는 자신의 비행으로 미래의 희망을 망칠 수도 있다고 우려하기 때문에 비행과 같은 위험을 무릅쓴 행동을 하지 않는다. 청소년들에게 다양한 미래에 대한 열망을 줄 때, 한국 사회의 청소년 비행은 감소될 것이다.

<표 4-4-1>, <표 4-4-3>, <표 4-4-4> 결과를 종합해보면 <가설 2>가 지지됨을 확인할 수 있다. 즉 부정적 인생사건은 보호요인에 따라 비행시작에 미치는 영향에 차이가 있다는 것을 확인하였다.

2. '인생사건이 비행시작에 미치는 영향'에 대한 위험 기제

청소년들이 비행친구들과 접촉을 하고 있거나 숙련되지 못한 부모와 함께 생활하고 있는 상황에서, 갑자기 부정적 인생사건을 경험하게 된다면 그들은 쉽게 비행에 진입할 수 있을 것이다. 즉 '비행친구', '잘못된 훈육'과 같은 청소년들의 부정적인 환경이 인생사건이 비행시작에 미치는 영향을 강화하는 위험기제의 역할을 한다는 것이다. 과연 '비행친구', '잘못된 훈육'이 인생사건이 비행시작에 미치는 영향을 강화하는 위험기제(mechanism)의 역할을 하는지, 확인하기 위해 소집단 분석을 실시하였다.

〈표 4-4-5〉 인생사건과 비행시작의 로지스틱회귀분석: 비행친구 유무 비교

독립변인	비행친구 유무			
	비행친구 있다		비행친구 없다	
	추정치(B)	표준오차(S.E)	추정치(B)	표준오차(S.E)
성별	−.075	.226	−.081	.195
모취업	.141	.224	.258	.195
인생사건	**1.445***	**.540**	.344	.421
Constant	−.462	.355	−2.188	.421
−2 Log Likelihood	453.838		756.670	
Model x^2 (df)	8.870(3)*		2.597(3)	
Nagelkerke R^2	.034		.005	
종속변인	**비행시작**			

* p<.05, ** p<.01, *** p<.001 수준에서 유의미

먼저 '비행친구'[44]가, 인생사건이 비행시작에 미치는 영향을 촉진

---

44) 비행의 발생에 있어서 비행친구의 역할을 강조하는 차별적 접촉이론에 따르면, 비행친구의 절대적인 수가 많고 적음이 중요한 것이 아니라 전체 친구들 중에서 비행친구가 얼마나 되는가가 중요하다. 부정적 인생사건 때문에 방황하는 청소년에게 비행친구의 수 자체보다는 비행친구가 주변에 있느냐 없느냐가 더 중요하다. 그러므로 본 연구에서는 비행친구를 '비행친구 있음'과 '비행친구 없음'으로 나누어서 살펴보았다.

하는 역할을 하고 있는지 확인해보았다. 그 결과 <표 4-4-5>와 같았다. 비행친구가 있는 경우에는 인생사건이 비행시작에 미치는 영향이 유의미하였으며(p<.05), 인생사건의 odd ratio는 4.241이었다. 그러나 비행친구가 없는 경우에는 인생사건이 비행시작에 미치는 영향이 유의미하지 않았다(p<.05). 비행친구가 있는 경우에, 인생사건을 경험할 경우 비행을 시작할 가능성은 4.2배였다.

차별적 교제이론에 의하면 일반인들이 자기가 속한 집단이나 지역의 문화를 학습하여 그것을 내면화함으로써 동조가 되는 것과 마찬가지로 어떤 사람이 일탈자가 되는 것도 자기 주위의 문화양식을 습득하기 때문이며, 청소년들에게 비행친구는 비규범적 양식을 학습할 수 있는 매우 위험한 사회적 환경이다(Vold et al., 2000).

부정적인 인생사건 때문에 스트레스를 겪고 있는 청소년들에게 비행친구는 유혹이며, 비행의 기회를 손쉽게 연결해줄 수 있는 매개고리이며, 법 규범에 대한 비우호적인 태도를 학습할 수 있는 위험요인이다. 그러므로 비행친구는 청소년들에게 가장 중요한 위험적인 환경이다. 기존의 많은 연구들에도 반사회적 친구와의 우정적 관계가 비행을 시작하게 하고 지속하게 하며, 심지어는 성인이 되어 범죄를 그만둘 가능성조차 방해한다고 한다(Battin et al., 1998).

둘째, 강압이론은 부모의 관리가 비행에 있어서 중요한 역할을 한다고 본다. 숙련되지 못한 부모가 의도하지 않게 자녀의 반사회적 행동을 강화한다. 이러한 부모의 부적절한 자녀 관리는 자녀의 반사회적 행동, 비행의 유발요인이 된다(전영실, 2002). 이를 확인한 결과가 <표 4-4-6>이다.

<표 4-4-6>을 살펴보면, 잘못된 훈육이 높은 경우에는 인생사건이 비행시작에 유의미한 영향을 미치고 있으며(p<.05), 인생사건의

odd ratio는 3.592였다. 그러나 잘못된 훈육이 낮은 경우에는 인생사건이 비행시작에 유의미한 영향을 미치고 있지 않았다(p<.05). 잘못된 훈육 환경에 있는 청소년이 인생사건을 경험할 경우 비행을 시작할 가능성은 3.5배이다.

위의 결과를 통해 잘못된 훈육과 같은 부모의 자녀 관리방식의 중요성을 알 수 있다. 부정적인 인생사건을 경험하고 있는 청소년들에게, 감정에 따라 행동하는 부모가 청소년들의 행동에 대해 적절한 반응이 아니라 심한 욕설과 분노로 반응한다면, 청소년들이 비행에 진입할 가능성은 높아질 것이다. 잘못된 훈육은 이처럼 인생사건이 비행시작에 미치는 영향을 촉진하는 가장 중요한 위험요인 중에 하나인 것이다.

〈표 4-4-6〉 인생사건과 비행시작의 로지스틱회귀분석: 잘못된 훈육 비교

독립변인	잘못된 훈육			
	잘못된 훈육 높다		잘못된 훈육 낮다	
	추정치(B)	표준오차(S.E)	추정치(B)	표준오차(S.E)
성별	-.246	.221	-.091	.181
모취업	.104	.217	.233	.180
인생사건	1.279[*]	.426	.334	.387
Constant	-1.145	.344	-1.701	.299
-2 Log Likelihood	532.475		812.798	
Model x^2 (df)	9.817(3)[*]		2.724(3)	
Nagelkerke R^2	.028		.005	
종속변인	비행시작			

[*] p<.05, [**] p<.01, [***] p<.001 수준에서 유의미

이상의 결과들인 <표 4-4-5>와 <표 4-4-6>을 종합해보면, <가설 3>이 지지된다. 즉 부정적 인생사건은 위험요인에 따라 비행시작에 미치는 영향에 차이가 있다는 것을 확인하였다.

이 절에서는 인생사건이 비행시작에 미치는 주 효과가 위험요인과 보호요인이라는 조건하에서 어떻게 변화하는지를 분석해보고자 한다.

이를 위해 청소년들의 주변관계가 보호요인으로만 구성되어 있다는 가정 아래, 인생사건이 비행시작에 미치는 영향에 대한 보호요인의 조절효과만을 분석하였다. 이를 위해 로지스틱회귀분석을 실시하였다.

그 결과는 <표 4-5-1>과 같다. 인생사건이 비행시작에 미치는 영향에서 보호요인에 의한 조절효과를 파악한 결과는 다음과 같다.

<모형 1>에서 성별, 모취업, 인생사건, 보호요인 각 변수가 비행시작에 대한 영향에서는, 인생사건과 보호요인이 비행시작에 통계적으로 유의한 영향을 미치는 것으로 나타났다($p<.05$). 인생사건은 정(+)의 영향을, 보호요인은 부(-)의 영향을 미치는 것으로 파악되었

<표 4-5-1> 인생사건이 비행시작에 미치는 영향에 대한 조절효과: 보호요인

독립변인	<모형 1>		<모형 2>	
	추정치(B)	표준오차(S.E)	추정치(B)	표준오차(S.E)
성별	-.170	.139	-.176	.140
모취업 여부	.159	.139	.175	.139
인생사건	**.492***[*]	**.197**	.345	.229
보호요인	**-.053**[*]	**.023**	**-.051**[*]	**.023**
인생사건×보호요인			**-.213**[*]	**.090**
Constant	-1.426	.224	-1.421	.225
-2 Log Likelihood	1,348.777		1,341.874	
Model x^2 (df)	14.390(4)[***]		21.293(5)[**]	
Nagelkerke R^2	.016		.024	
종속변인	**비행시작**			

[*] p<.05, [**] p<.01, [***] p<.001 수준에서 유의미

다. 인생사건을 경험하고, 보호요인이 높을수록 비행시작가능성이 낮아지는 것으로 볼 수 있다. 인생사건을 경험하지 않은 경우보다 인생사건을 경험할 경우 비행을 시작할 가능성은 1.6배 정도 높았고, 보호요인이 높을수록 비행을 시작할 가능성은 1.1배 낮아졌다.

다음 단계로 인생사건과 보호요인과의 상호작용변수(인생사건×보호요인)를 추가적으로 투입한 <모형 2>에서는 인생사건과 보호요인의 상호작용이 부(-)의 영향을 미치고 있었다(p<.05). 이는 인생사건이 비행시작에 영향을 미치고 있으며, 보호요인이 높을수록 비행시작가능성을 완화한다는 것을 의미하는 결과이다.

청소년기는 스스로 통제할 수 없는 외부환경 변화에 민감하고 급격하게 반응하는 시기이다. 부정적인 인생사건은 청소년의 정신적·행동적 반응을 이해하는 데 중요한 요소가 된다. 청소년기의 부정적 인생사건은 정신적 충격(traumatic shock)이며, 스트레스로 발전할 수 있고, 비행과 같은 행위적 문제와도 연관된다.

하지만 <표 4-5-1> 연구결과를 참고해보면 부정적 인생사건에 노출되어 있는 모든 청소년이 비행을 시작하는 것이 아니다. 부정적 인생사건을 경험했을 때 보호요인이라는 일정한 조건이 있다면, 청소년들이 비행을 시작할 가능성은 완화된다. 부정적인 인생사건은 청소년 개개인에게 동일하게 적용되어, 동일한 행동을 유발하는 것이 아니다.

다음으로 청소년들의 주변관계가 위험요인으로만 구성되어 있는 경우를 가정하여, 인생사건이 비행시작에 미치는 영향에서 위험요인에 의한 조절효과만을 분석하였다. 그 결과 <표 4-5-2>와 같다.

구체적인 결과를 살펴보면, <모형 1>에서 성별, 모취업, 인생사건, 위험요인의 각 변수가 비행시작에 대한 영향에서는 인생사건과 위험요인이 비행시작에 통계적으로 유의한 정(+)의 영향을 미치는 것으로 나타났다(p<.05). 즉 청소년들이 인생사건을 경험하고, 위험요인이 높을수록 비행을 시작할 가능성이 높다는 것을 알 수 있다. 또한 인생사건을 경험하지 않은 경우에 비해 인생사건을 경험하면 비행을 시작할 가능성은 2.2배 높아졌고, 위험요인이 높을수록 비행을 시작할 가능성은 1.2배 높아졌다.

다음으로 인생사건과 위험요인과의 상호작용변수(인생사건×위험요인)를 추가적으로 투입한 <모형 2>에서도 인생사건과 위험요인의 상호작용이 비행시작에 유의한 정(+)의 영향을 미치고 있었다(p<.05). 즉 인생사건이 비행시작에 영향을 미치고 있으며, 또한 위험요인이 높을수록 비행시작가능성을 강화시킨다는 것을 의미하는 결과이다.

만약 청소년들의 주변관계가 위험요인들로 구성되어 있는 경우 부정적인 인생사건을 경험한다면, 비행을 시작할 가능성이 촉진된다는 것을 확인할 수 있었다.

<표 4-5-2> 인생사건이 비행시작에 미치는 영향에 대한 조절효과: 위험요인

독립변인	<모형 1>		<모형 2>	
	추정치(B)	표준오차(S.E)	추정치(B)	표준오차(S.E)
성별	-.055	.143	-.066	.143
모취업	.191	.141	.204	.141
인생사건	.549[*]	.200	.776[**]	.240
위험요인	.179[***]	.027	.183[***]	.028
인생사건×위험요인			.272[*]	.138
Constant	-1.552	.229	-1.548	.230
-2 Log Likelihood	1,308.233		1,303.652	
Model x^2 (df)	51.403(4)[***]		55.984(5)[***]	
Nagelkerke R^2	.057		.062	
종속변인	비행시작			

[*] p<.05, [**] p<.01, [***] p<.001 수준에서 유의미

    <표 4-5-2>의 결과에서 흥미로운 점은, 상호작용변수를 투입했을 때 개별변수의 추정치가 높아졌다는 것이다. 일반적으로 새로운 변수를 추가적으로 투입할 경우, <표 4-5-1>의 <모형 1>과 <모형 2>에서 볼 수 있듯이 기존의 개별변수의 추정치는 낮아진다. 그런데 <표 4-5-2>의 <모형 2>에서는 상호작용변수를 새롭게 투입했더니, 개별변수의 추정치가 높아졌다.[45] 이와 같은 결과를 다음과 같이 해석해볼 수 있다. 추정치는 독립변수의 종속변수에 대한 기여 정도 및 설명 정도를 나타내는 값이다. 만약 상호작용의 추가적 투입으로 인해 모형의 설명력이 증가한다면, 이를 구성하는 개별 변수의 모형에서의 역할 역시 높아지기 때문이라고 생각해볼 수 있다.

    현실적으로 청소년들의 주변관계는 보호요인으로만 혹은 위험요인으로만 구성되는 것이 아니다. 그러므로 보호요인과 위험요인 모두를 고려하여 분석할 필요가 있다. 그렇기 때문에 보호요인과 위험요인을

---

45) 상호효과를 보는 다른 논문들에서도 이와 같은 현상을 볼 수 있다. 예를 들면 이동원(1997), 노성호(2005) 등이 있다.

모두 고려하여 종합분석을 실시하였다.

그 결과 <표 4-5-3>과 같다. 구체적으로 살펴보면, <모형 1>에서 성별, 모취업, 인생사건, 위험요인, 보호요인의 각 변수가 비행시작에 대한 영향에서 인생사건과 위험요인이 비행시작에 통계적으로 유의한 정(+)의 영향을 미치는 것으로 나타났다(p<.05).

다음으로 인생사건과 위험요인과의 상호작용변수(인생사건×위험요인)와 인생사건과 보호요인과의 상호작용변수(인생사건×보호요인)를 추가적으로 투입한 <모형 2>에서도 인생사건과 보호요인의 상호작용이 비행시작에 유의한 부(-)의 관계를 미치고 있었으며(p<.05), 인생사건과 위험요인의 상호작용 또한 비행시작에 유의한 정(+)의 관계를 미치고 있었다(p<.1).[46] 이러한 결과는 <가설 4>를 지지하였다.

청소년들이 부정적 인생사건을 경험했을 때, 그들의 주변 환경에 따라 부정적인 인생사건이 비행시작에 미치는 영향에 차이가 있다는 것을 확인할 수 있었다. 즉 청소년들의 주변 환경인 보호요인은 인생사건이 비행시작에 미치는 부정적 영향을 완화하며, 위험요인은 인생사건이 비행시작에 미치는 부정적 영향을 강화한다는 것을 확인할 수 있었다.

마지막으로 <표 4-5-3>의 <모형 1>과 <표 4-5-1>의 <모형 1>을 비교해보았다. 그 결과 위험요인이 투입되기 전인 <표 4-5-1>의 <모형 1>에서는 보호요인이 비행시작에 미치는 영향이 통계적으로 유의미하였다(p<.05). 그런데 위험요인이 투입되면 <표 4-5-3>의 <모형 1>과 같이 보호요인이 비행시작에 미치는 영향이 통계적으로 유의미하지 않게 되었다(p<.05). 이러한 결과를 통해 위험

---

46) <표 4-5-2>와 같이 유사하게, 인생사건과 위험요인과의 상호작용변수(인생사건×위험요인)를 투입하였을 때 위험요인의 추정치가 높아졌다. 이에 대한 서술은 p.125에 서술했기 때문에 여기서는 생략한다.

<표 4-5-3> 인생사건이 비행시작에 미치는 영향에 대한 조절효과

독립변인	<모형 1>		<모형 2>	
	추정치(B)	표준오차(S.E)	추정치(B)	표준오차(S.E)
성별	-.059	.143	-.071	.144
모취업	.176	.141	.195	.142
인생사건	**.540**[*]	**.200**	**.607**[*]	**.269**
위험요인	**.175**[***]	**.027**	**.179**[***]	**.028**
보호요인	-.037	.024	-.034	.024
인생사건×위험요인			.244+	.028
인생사건×보호요인			-.183[*]	.091
Constant	-1.530	.230	-1.524	.231
-2 Log Likelihood	1,305.088		1,296.086	
Model x^2 (df)	53.798(5)[***]		62.800(7)[***]	
Nagelkerke R^2	.059		.069	
종속변인	**비행시작**			

+$p<.1$, *$p<.05$, **$p<.01$, ***$p<.001$ 수준에서 유의미

요인으로 통제했을 때는 보호요인이 비행시작에 독립적인 효과를 보이지 못한다는 것을 알 수 있었다.

■■■제5부

청소년 비행의 시작과 예방

제1장
요약 및 결론

본 연구는 발전-생애과정범죄학의 세 가지 측면에 초점을 맞추어 연구를 진행하였다. 첫째로 발전-생애과정범죄학이 시간에 따르는 연속성과 변화를 인식하고 있다는 점에 주목하였다. 따라서 처음 비행을 시작하는 단계에서부터 새로운 다른 범죄를 저질러 나가거나 비행경력에서 은퇴하는 종적인 과정인 비행의 동태적 측면에 주목하고, 특히 비행시작에 관심을 가지고 연구를 진행하였다.

둘째로 발전-생애과정범죄학이 기존 연구들에서 무관심했던 인생사건에 대한 관심을 가지고 있다는 점을 주목하였다. 그러나 발전-생애과정범죄학에서도 범죄중단과 관련된 인생사건은 잘 알려져 있었으나, 비행시작과 관련된 인생사건은 알려진 바가 적었다(Farrington, 2005a: 7). 그렇기 때문에 어떤 인생사건을 계기로 친사회적 생활을 했던 청소년이 반사회적 생활로 진입하게 되는지에 대한 충분한 설명을 하지 못했다. 본 연구에서는 비행시작에 관심을 가지고, 비행시작에 영향을 미치는 부정적 인생사건에 대해 살펴보았다.

셋째로 발전 - 생애과정범죄학이 폭넓은 통합을 시도하고 있으며, 청소년들이 경험하는 사회적 환경을 일면적인 것이 아니라 위험요인과 보호요인으로 구분하여 이해한다는 점에 주목하였다. 현실적으로 인생사건을 경험한 일부만이 비행을 시작한다. 이는 인생사건과 비행시작의 관계에 다른 변인이 관련되어 있다는 것이며, 인생사건과 비행시작에 관련된 변인에 대한 탐구가 필요하다. 이런 이유로 '인생사건과 비행시작의 관계'에 관련된 변인에 대한 탐구를 시도하였다. 이를 위해 변인들을 비행발생 메커니즘에 따라 보호요인과 위험요인으로 구분하고, 한국 사회에서 청소년 비행에 유의미한 영향을 미치는 것으로 밝혀진 이론인 사회유대이론과 사회학습이론을 재구성하여 살펴보았다. 즉 인생사건이 비행시작에 미치는 주 효과가 일정한 조건, 즉 위험요인과 보호요인 아래에서 어떻게 변화하는지를 고찰해보았다.

본 연구의 구체적인 연구결과를 종합하면 다음과 같다.

첫째로 인생사건이 청소년들의 친사회적 행동궤적을 반사회적 행동궤적으로 바꿀 수 있는지를 확인한 결과, 인생사건이 비행시작에 미치는 영향은 유의미하였다($p < .05$). 이와 같은 결과는 <가설 1>을 지지하였다. 청소년들이 인생사건을 경험하면 비행을 시작할 가능성이 높아지는 경향이 있었으며, 부모의 이혼, 별거, 사망 등과 같은 사건들이 청소년들 자신의 인생궤적을 비행으로 변화시킬 만큼 중요한 '인생사건'이라는 것을 확인할 수 있었다.

또한 발전 - 생애과정범죄학에서는 시간의 흐름에 따라 주요변인의 영향력이 변화한다고 하는데, 과연 인생사건도 청소년발달단계에 따라 비행시작에 미치는 영향에 차이가 존재하는지를 확인해보았다. 그 결과 중학교시기의 경우 인생사건이 비행시작에 미치는 영향이 통계적으로 유의미하였다($p < .05$). 그러나 고등학교시기 경우에는 인생사건이 비행시작에 미치는 영향이 통계적으로 유의미하지 않았다($p < .05$). 청소년들의 발달과정 안에서 인생사건이 어느 시점에 대두하느냐에 따라 인생사건이 비행시작에 미치는 영향에 차이가 있음을 확인할 수 있었다. 이와 유사한 결과는 청소년발달단계별로 비행시작 비율을 조사한 결과에서도 나타났다. 그 결과를 살펴보면 다음과 같다. 사소한 비행의 시작은 중학교시기와 고등학교시기에 유사한 비율로 나타났다. 그러나 심각한 비행의 시작은 고등학교시기보다 중학교시기에 시작하는 비율이 더 많은 것으로 나타났고, 성관련 비행의 시작은 중학교시기보다 고등학교시기에 더 많이 시작하는 것으로 나타났다.

발전 - 생애과정범죄학에서는 비행과 범죄를 유발하는 요인들이 다차원적이며 역동적이라는 것을 인식하고 있다. 범죄를 유발하는 요인들은 인생주기의 어떤 한 시점에서는 영향을 주지만 다른 시점에서는 영향을 주지 않을 수도 있으며, 나이에 따라 영향력이 다르다. 즉 사람들은 성숙해가면서 그들의 행동에 영향을 주는 요인들도 변해간다. 이처럼 발전 - 생애과정범죄학이 기존의 이론들과 가장 커다란 변별점을 지니는 지점이 '시간의 흐름'을 고려한다는 것이다. 위의 결과들을 통해 인생사건 또한 청소년발달단계에 따라 비행시작에 미치는 영향에 차이가 존재한다는 것을 확인할 수 있었다.

한국의 청소년들을 이해하기 위해서는 그들이 존재하고 있는 사회적 조건을 이해하는 것이 중요하다. 이런 이유로 본 연구에서는 청소년들의 발달적 변화를 시간의 흐름과 더불어 학생이라는 사회적 조건 속에서 살펴보았다.

한국 사회 안에서 중학교와 고등학교라는 사회적 조건은 청소년들에게 다른 내면화과정을 경험하게 한다. 고등학생들은 중학생에 비해 자신들이 성숙하다고 믿으며, 자신에 대한 책임과 통제를 더 강하게 내면화한다. 즉 고등학생은 중학생에 비해 높은 자기 통제와 행위 제약을 내면화한다. 이러한 내면화과정이 인생사건이 비행시작에 미치는 영향에 있어서 중학교시기와 고등학교시기의 차이를 만들어낸다.

이를 확인하기 위해 고등학생들이 중학생보다 자신에 대한 통제력이 높은지 추가 분석해보았다. 그 결과 중학생보다 고등학생이 자기 통제력을 더 많이 지니고 있다는 것을 확인할 수 있었다. 그러므로 중학교시기와 고등학교시기에 인생사건이 비행시작에 미치는 영향 차이는 자기 통제력, 즉 학제라는 사회적 조건으로 설명할 수 있다.

마지막으로 친사회적 행동패턴을 보이던 청소년들이 반사회적 행동패턴으로 변화하게 하는 인생사건에는 어떠한 것이 있는지 하위 차원으로 나누어서 살펴보았다. 청소년들이 경험하는 특수한 사건들 중에서 어떤 유형이 비행시작에 영향을 미치고 있는지를 확인해본 결과, '부모 비자발적 사건'과 '불이익적 사건'은 비행시작에 유의미하였지만(p<.05), '부모 자발적 사건'은 비행시작에 유의미하지 않았다(p<.05).

청소년들은 부모의 전통적인 입장에 대해 상당히 비판적인 태도를 지니고 있으면서도 부모에게 매우 의존적인 존재이다. 청소년들에게 부모는 갈등의 원인이기도 하면서, 부모의 사망이나 이별을 가장 두려워하는 것으로 나타났다(기너트, 1984). 이처럼 부모의 사망과 경제적 실패와 같은 '부모의 비자발적 사건'은 청소년들이 비행을 시작할 가능성을 높이는 중요한 사건임을 다시 한 번 확인할 수 있었다.

비행시작에 유의미한 영향관계를 지니고 있는 개별적 인생사건 중에서 흥미로운 점은 '불이익적 사건'이다. '불이익적 사건'은 다른 사건들에 비해 연구자들의 관심 밖에 위치해 있었다. 하지만 본 연구를 통해서 '불이익적 사건'이 비행시작에 유의미한 영향을 미치는 중요한 변인임을 확인할 수 있었다. 불이익적 사건은 학교에서의 치욕적인 대우와 주변사람들로부터 심하게 야단을 맞은 적이 있는지와 같은 사건으로, 이러한 사건들은 청소년생활에 삐거덕거림을 일으킬 수 있는 중요한 사건임을 본 연구를 통해 확인할 수 있었다.

청소년기는 대부분 시간을 부모와 함께 보내던 아동기와는 달리, 부모 이외의 타자와의 관계를 통해 인간관계를 확장시키는 시기이다. 즉 타자와의 관계가 중요해지는 시기이며 타자의 반응에 민감한 시기인 것이다. 그런데 청소년기에 의미 있는 타자인 교사, 이웃 등에게 치욕적인 대우를 당하게 되면, 일반적인 성인에 비해 더 많은 충격과 분노 그리고 문제행동을 하는 것은 당연할 것이다. 이는 교사와 학생의 관계, 특히 교사의 비인간적인 학생지도 및 처벌 방법이 학생들에게 심각한 부정적 영향을 미칠 가능성이 있다는 기존 연구와 맥락을 함께한다고 할 수 있다(문병욱 · 신동준, 2008). 이러한 연구결과를 통해 학교 내 교사로부터의 신체적 · 심리적 · 언어적 폭력이 청소년들의 비행시작에 의미 있는 사건일 수 있다는 것을 확인하였다. 이에 불이익적 사건은 청소년 비행의 사전 예방적 측면에서 필수적으로 고려해야 할 부분이다.

인생사건의 하위 차원이 비행시작에 미치는 영향에서 예상과는 다르게 '부모 자발적 사건'은 비행시작에 영향을 미치고 있지 않았다. 일반적으로 부모의 이혼, 재혼과 같은 사건은 청소년들의 삶을 변화시키는 중요한 요인으로 알려져 왔다(정진영, 1992; 주소희, 1991; 황옥자, 1987). 그런데 본 연구에서는 부모의 이혼 등과 같은 부모의 자발적 사건이 비행시작에 직접적인 영향을 미치고 있지 않았다. 이러한 결과는 최근 새롭게 부모의 이혼과 재혼과 관련된 연구들에서 제기하고 있는 문제의식과 경험적 연구결과들과 맥락을 함께한다. 최근 부모의 이혼과 재혼 등 관련연구에서는 부모의 이혼이나 재혼과 같은 부모의 자발적 사건이 자녀의 반사회적 행동에 직접적인 영향을 미치지 않는다는 경험적 결과들이 도출되고 있으며(오은순, 1997; 주소희, 2007), 부모 이혼의 어려움 속에서도 많은 아이들이 이혼의 스트레스에 대해 적절하게 적응하고 있다는 연구들도 제시되고 있다(Germezy, 1993; Grych & Finchan, 1997; Hetherington et al., 1998; 주소희, 2007 재인용).

부모의 자발적 사건이 비행시작과 같은 문제행동으로 나타나는 것이 아니라면 적어도 청소년들의 생활에는 어떠한 영향을 주고 있는지 추가분석을 해보았다. 그 결과 '부모 자발적 사건'을 경험하기 전과 경험한 후의 주변 환경인 부모애착, 비행친구, 학교애착의 차이는 존재하지 않았다. 즉 부모의 자발적 사건은 청소년들의 생활환경변화에도 영향력이 없었다.

이러한 결과는 부모의 이혼이나 재혼을 경험하는 청소년 개개인의 성향이나 환경 차이에 근거한다고 할 수 있다. 예를 들면 매일 심하게 아버지가 어머니를 폭행하는 등 위기적 상황의 가정일 경우 이혼은 오히려 청소년들에게 위기적 상황에서 벗어나게 하는 계기일 수도 있다. 그러므로 청소년들의 경우 부모의 이혼이나 재혼 등과 같은 부모의 자발적 사건은 경험하는 개인에 따라 부정적인 영향을 미칠 수도 있고 오히려 긍정적인 영향을 미칠 수도 있다. 그렇기 때문에 부모의 이혼이나 재혼과 같은 부모의 자발적 사건은 개인별로 연구가 진행되어야 심층적 이해가 가능할 것이다.

둘째로 부정적 인생사건을 경험한 청소년들의 일부만이 비행을 시작한다. 인생사건을 경험한 일부만이 비행이라는 새로운 궤적으로 진입하는 이유를 '부모애착', '성적', '교사애착'과 같은 개별 사회유대 요소들을 통해 확인해보았다.

그 결과, 부모애착이 많은 집단과 부모애착이 보통인 집단에서는 인생사건이 비행시작에 영향을 미치고 있지 않았다(p<.05). 그러나 부모애착이 적은 집단의 경우에는 인생사건이 비행시작에 유의미하게 영향을 미치고 있었으며(p<.05), 인생사건을 경험할 경우에 비행을 시작할 가능성은 2.5배였다. 이처럼 부모애착은 부정적인 인생사건이라는 고위험상황에서 부정적 인생사건의 위험을 경감시키는 작용을 하고 있다는 것을 알 수 있었다.

위의 결과를 통해 한국 사회의 가족이 비행시작과 어떠한 관련을 맺고 있는지에 대해 유추해볼 수 있다. 사랑과 친밀성을 나눌 수 있는 장소로서 가족은 한국 사회에서 아직까지 헌신적인 모성에 대한 담론으로 강력하게 유지되고 있으며, 가족주의[47]는 한국 사회를 설명하는 또 하나의 중심틀이다. 한국 가족은 개인주의적 가치를 지향하는 서구의 가족에 비해 가족 중심 가치관이 강하며, 부모-자녀 관계에 있어서도 독특한 형태를 띠고 있다. 또한 한국 사회에서 가족 중심적 가치관은 부모가 어린 자녀를 잘 지도하고 가족을 잘 돌봐야 한다는 의무의식을 강화시키고 있다. 이러한 부모의 자녀에 대한 의무의식은

---

47) 가족주의란 주로 동양적인, 특히 한국적인 가치관으로 볼 수 있다. 최재석(1976)은 잠정적이란 단서를 붙였지만 가족주의를 다음과 같이 정의하였다. 사회의 구성단위는 집(家)이다. 이 집은 어떠한 사회집단보다 중시된다. 일개인은 이 집에서 독립하지 못한다. 집안의 인간관계는 자유롭고 평등한 것이 아니라 언제나 상하의 신분서열에 의하여 이루어진다. 이와 같은 인간관계는 비단 가족 내에 있어서뿐만 아니라 가족 외의 외부사회에까지 확대되는 사회의 조직형태이다.

'가족'이라는 맥락 안에서 자녀의 비행을 억제하는 보호기제의 역할을 하고 있다.

또한 기존의 많은 경험적 연구에서 어머니들이 아들보다 딸에게 상호작용을 좀 더 강하게 하는 경향이 있다고 한다(Brooks‒Gunn & Mathews, 1979; 김준호·김은경, 1994 재인용). 여성들은 타자와 밀접하고 의존적인 관계를 형성하도록 사회화되는 반면, 남성들은 일반적으로 좀 더 독립적이고, 타자와의 감정적인 유대를 덜 맺도록 고무되는 경향이 있다고 한다.

위와 같은 내용에 미루어, 남자청소년에 비해 여자청소년들이 부모와의 애착이 더 강하다고 가정한다면, 인생사건이 비행시작에 미치는 영향이 성별에 따라 차이가 날 수 있다. 즉 여자청소년들은 남자청소년들에 비해 보호기제인 부모애착이 더 많기 때문에 부정적 인생사건을 경험하고도 비행으로 진입할 가능성이 적을 수 있다는 것이다.

이를 확인하기 위해 추가분석을 한 결과 성별은 부모애착의 초기값과 유의미한 정적인 관계를 나타냈으나(p<.05), 부모애착의 변화율에는 유의미한 관계가 나타나지 않았다(p<.05). 성별이 부모애착의 초기값에 정적인 영향을 미친다는 것은 여자청소년의 부모애착 초기값이 남자청소년의 부모애착 초기값보다 높다는 것이다. 즉 조사시점인 중학교 2학년시기에 여자청소년과 남자청소년들의 부모애착 값에 차이가 있다는 것을 의미한다.

이러한 결과를 고려해보았을 때, 부모애착이라는 보호요인을 더 많이 지니고 있는 여자청소년들이 부정적 인생사건과 같은 위험에 직면했을 때 비행을 할 가능성은 남자청소년들에 비해 더 낮을 것이라고 예상해볼 수 있다. 즉 부모애착이라는 보호요인의 차이가 청소년 비행에 있어서 성별 차이를 형성하는 것이라고 생각해볼 수 있다.

그런데 성별에 따라 왜 부모애착에 차이가 발생하는 것일까? 그 이유를 김준호·김은경(1994), 이현희·전영실(2005), 전영실(2003), 최수형(2007) 등의 연구에 기반을 두어 조심스럽게 다음과 같이 가정을 해본다. 부모는 자녀를 양육할 때, 아들이나 딸이라는 성역할에 차이를 두고 양육을 한다. 그러므로 아들은 딸에 비해 어머니와의 상호작용에서 더 독립적인 객체로 인정받고, 그 과정에서 부모와의 애착 차이가 나타난다.

이러한 성역할에 기반을 둔 양육의 차이가 남녀비행의 차이를 만들어낸다고 예측해볼 수 있다. 그러나 여기서 또 하나 주목해보아야 할 것은 시간의 흐름이다. 성별은 부모애착의 초기값과 유의미한 정적인 관계를 나타냈으나(p<.05), 부모애착의 변화율에는 유의미한 관계가 나타나지 않았다(p<.05). 성별이 부모애착의 변화율에 유의미하지 않았다는 것은 남녀 청소년들 간에 부모애착의 증가속도에는 차이가 나지 않음을 알 수 있었다.

부모와의 상호작용은 중학교 이전 시기에는 매우 중요한 기제이지만 중학교 이후가 되면 부모보다는 친구나 학교생활이 더 중요하기 때문에, 부모의 영향력이 작아진다. 그렇기 때문에 여자청소년과 남자청소년들의 사이 부모애착의 증가속도는 차이가 나지 않는 것이다.

다음으로, 교사애착이 많은 집단과 교사애착이 보통인 집단에서는 인생사건이 비행시작에 영향을 미치고 있지 않았다(p<.05). 그러나 교사애착이 적은 집단의 경우, 인생사건이 비행시작에 유의미하게 영향을 미치고 있었으며(p<.05), 인생사건을 경험할 경우에 비행을 시작할 가능성은 2.3배였다. 이 같은 결과는 '인생사건이 비행시작에 미치는 영향'에 대한 교사애착의 완화효과로 해석될 수 있다.

한편, 성적이 높은 집단과 성적이 보통인 집단에서는 인생사건이 비행시작에 영향을 미치고 있지 않았다(p<.05). 그러나 성적이 낮은 집단의 경우에는 인생사건이 비행시작에 유의미하게 영향을 미치고 있었으며(p<.05), 인생사건을 경험할 경우에 비행을 시작할 가능성은 6.4배였다. 이를 볼 때, 성적은 인생사건이 비행시작에 미치는 영향을 완충하는 가장 확실한 요인 중의 하나임을 알 수 있었다.

위의 결과를 통해 부정적 인생사건을 경험했다고 하더라도, '부모애착', '성적', '교사애착'과 같은 사회적 유대가 있다면 비행을 억제할 수 있다는 것을 확인하였다. '부모애착', '성적', '교사애착'이 부정적 인생사건이 비행시작에 미치는 영향을 억제하는 보호적인 메커니즘을 제공하고 있었다. 이는 <가설 2>를 지지하는 결과였다.

<가설 2>를 지지하는 경험적 결과를 바탕으로 비행의 대책적인 측면에서 사고해보면, '교사애착'과 '성적'은 매우 흥미로운 정책적 대안의 실마리를 제공한다. 비행과 관련하여 가장 많은 정책적 대안 중에 하나가 가족기능의 회복일 것이다. 하지만 가족기능의 어떤 측면을 강화해야 하는지, 그리고 가족기능을 회복하기 어려울 경우 어떻게 사회 안에서 책임질 것인가에 대한 제안은 없었다. 가족이 붕괴되고, 부모와의 애착이 단절되기 시작하면 다시 기능을 회복시킨다는 것은 매우 어려운 일이며, 가족기능 회복과 관련된 실질적 대안 마련을 한다는 것은 정책적으로 한계를 가지고 있다.

그러므로 청소년들의 사회적 유대 강화를 위한 현실에 맞는 대안이 필요하다. 이러한 사회적 대안의 단초가 되는 것이 '성적'과 '교사애착'이다.

첫째, 교사애착과 관련하여 살펴보면 다음과 같다. 청소년은 하루의 대부분을 교실에서 수업을 받으며 보낸다. 따라서 교실에서의 행복은 청소년의 삶의 질과 직결되며, 교사의 역할이 매우 중요하다. 청소년들이 어려움을 겪을 때 혹은 비행으로 진입하려는 전조를 보일 때 교사와 같은 영향력이 있는 타자와 유대관계를 맺고 있다면, 그들은 비행과 같은 반사회적 행동을 억제할 수 있을 것이다. 그렇기 때문에 정부는 청소년들이 행복하게 생활할 수 있는 학교를 만들도록 노력해야 할 것이며, 학교교육의 목표를 다양화하여 교사가 학생들을 사랑하고 학생들은 교사를 존경할 수 있는 환경을 만들어야 할 것이다.

또한 기존 연구에 의하면 부모가 아니더라도 아이들이 최소한 한 명의 성인과 신뢰관계를 유지하고 있다면, 친밀한 성인이 비행을 억제하는 작용을 할 수 있다고 한다(Werner & Smith, 1992). 이를 통해 청소년 비행과 관련된 실천적 대안을 생각해볼 수 있다. 청소년들과 지속적으로 신뢰관계를 유지하며 보호적 기능을 할 수 있는 전문가의 양성이다. 이러한 전문가를 학교나 지역사회 안에 배치하여 언제든지 청소년들이 어려움이 생겼을 때 찾아갈 수 있고, 전문가들이 문제 상황에 직면해 있는 청소년들에게 다가갈 수 있다면 청소년 비행은 감소할 것이다.

둘째, 사회의 관습적인 활동과 관례에 대한 투자 정도와 순응에의 이해관계를 통해, 자기가 속한 사회에 얼마나 연결될 수 있는가의 정도를 보여주는 것이 성적이다. 청소년들이 일상에서 투자한 것이 많고, 잃을 것이 많을 때 비행으로 진입할 가능성이 적어진다. 즉 청소년들 자신이 스스로 투자할 수 있는 대상이 다양하다면 비행과 같은 반사회적 행동을 억제하게 될 것이다. 이를 위해 사회에서는 청소년들이 다양한 대상에 즐겁게 몰입할 수 있고 투자할 수 있는 사회적 환경을 만들어야 할 것이다. 또한 청소년들에게 획일적인 목표를 요구할 것이 아니라 청소년들이 새로운 꿈을 꿀 수 있는 환경을 조성해야 할 것이다.[48]

셋째로, '비행친구', '잘못된 훈육'과 같은 환경이 인생사건이 비행시작에 미치는 영향을 촉진하고 있는지를 확인한 결과, 비행친구가 있는 경우에는 인생사건이 비행시작에 의미 있는 영향을 미치고 있었다($p<.05$). 그러나 비행친구가 없는 경우에는 인생사건이 비행시작에 의미 있는 영향을 미치고 있지 않았다($p<.05$). 비행친구가 있는 경우에, 인생사건을 경험할 경우 비행을 시작할 확률은 4.2배였다.

또한 잘못된 훈육의 강도가 높은 경우에는 인생사건이 비행시작에 유의미한 영향을 미치고 있었으며($p<.05$), 인생사건을 경험할 경우 비행을 시작할 확률은 3.5배였다. 그러나 잘못된 훈육의 강도가 낮은 경우에는 인생사건이 비행시작에 유의미한 영향을 미치고 있지 않았다($p<.05$).

이를 통해, 청소년들이 비행친구와 같은 범죄행위에 대해 우호적인 집단과의 접촉을 하고 있거나 숙련되지 못한 부모와 함께하고 있다면, 부정적인 인생사건을 경험했을 때 비행을 유발할 가능성이 높다는 것을 확인하였다. 이는 <가설 3>을 지지하는 결과였다.

넷째로 인생사건이 비행시작에 미치는 주 효과가 위험요인과 보호요인이라는 조건하에서 어떻게 변화하는지를 종합 분석해보았다. 이를 위해 세 가지 경우로 나누어서 살펴보았다.

먼저 청소년들의 주변관계가 보호요인으로만 구성되어 있다는 가정 아래, 인생사건이 비행시작에 미치는 영향에 대한 보호요인의 조절효과만을 분석하였다. 그 결과 인생사건과 보호요인의 상호작용이 부($-$)의 영향을 미치고 있었다($p<.05$). 이는 인생사건이 비행시작에

---

48) 한국 사회에서 청소년들은 보호하고 규제해야 하는 대상이며, 공부라는 획일적 목표를 달성해야 하는 수동적 존재로 인식되어 왔다. 하지만 청소년들은 끊임없이 자신들의 모습을 드러내는 작업을 통해 자신의 능동성을 암시해 왔다(정혜원, 2006). 만약 청소년들에게 그들의 능동성을 발현할 수 있는 환경을 마련해준다면 청소년 비행도 감소될 것이다.

영향을 미치고 있으며, 보호요인이 많을수록 비행시작가능성을 완화한다는 것을 의미하는 결과이다. 둘째, 청소년들의 주변관계가 위험요인으로만 구성되어 있는 경우를 가정하여, 인생사건이 비행시작에 미치는 영향에서 위험요인에 의한 조절효과만을 분석하였다. 인생사건과 위험요인의 상호작용이 비행시작에 유의한 정(+)의 영향을 미치고 있었다(p<.05). 즉 인생사건이 비행시작에 영향을 미치고 있으며, 또한 위험요인이 많을수록 비행시작가능성을 강화시킨다는 것을 의미하는 결과이다. 만약 청소년들의 주변관계가 위험요인들로 구성되어 있는 경우, 부정적인 인생사건을 경험한다면 비행을 시작할 가능성이 촉진된다는 것을 확인할 수 있었다. 셋째, 보호요인과 위험요인을 모두 고려하여 종합분석을 실시하였다. 인생사건과 보호요인의 상호작용이 비행시작에 유의한 부(−)의 관계를 미치고 있었으며(p<.05), 인생사건과 위험요인의 상호작용 또한 비행시작에 유의한 정(+)의 관계를 미치고 있었다(p<.1). 이러한 결과는 <가설 4>를 지지하였다.

위와 같은 결과를 통해 인생사건이 비행시작에 미치는 영향을 완화하는 기능을 보호요인이 하고 있으며, 위험요인은 인생사건이 비행시작에 미치는 영향을 촉진함을 확인할 수 있었다.

청소년들을 둘러싼 사회문화적 환경이 급격히 변화하면서, 과거 청소년들은 경험하지 못했던 충격적 사건들을 지금의 청소년들은 많이 경험하고 있다. 일반적으로 이러한 경험과 사건들은 청소년 비행을 시작하게 하거나 가속화하여 청소년 비행을 증가시킨다. 그런데 최근 청소년비행은 양적으로 안정화되고 있다. 공식 통계자료에 의하면 청소년비행은 1997년에 16만 4,182명을 정점으로 가장 많았으며, 이후 해마다 줄어들어 최근 2006년에는 9만 2,643명으로 현저히 감소하였다(청소년백서, 2007). 청소년 비행의 감소는 흔히 거론되듯이, 청소년 인구의 감소와 밀접한 관련이 있을 수 있다. 청소년 인구 규모의 감소를 고려해서 청소년 인구 10만 명당 청소년 비행자 수를 산출하여도, 1997년에는 청소년 10만 명당 2,643명이 비행소년이었지만, 2006년에는 1,769명으로 과반수 가까이 감소하였다.

청소년을 둘러싼 부정적 사건의 증가에도 불구하고 청소년 비행이 양적으로 안정화되고 있는지에 대한 실마리를 본 연구의 결과를 통해 찾아볼 수 있다. 그 이유는 보호요인이라고 할 수 있는 사회유대의 끈이 한국 사회에서 매우 중요하게 작동하고 있기 때문이다. 한국 사회는 아직까지 유대적인 관계를 중요하게 여기는 사회라는 것을 확인할 수 있었다.

또한 청소년 비행의 대책과 관련하여, 지금까지의 연구들은 청소년 개인과 청소년을 둘러싼 사회적 환경, 즉 가정, 또래, 학교 등에 초점을 둔 원인적 접근을 바탕으로 위험요인이 무엇인가를 주로 밝히고, 위험요인을 줄이는 것에 더 많은 관심을 지니고 있었다. 또한 위험요인과 보호요인을 단일 차원의 양극단으로 사고하여, 위험요인을 감소시키는 것이 보호요인을 증진시키는 것이라는 사고를 해왔다. 그러나 본 연구의 전체적인 결과를 종합해보면, 보호요인이 존재한다면, 위험요인이 비행시작에 미치는 영향까지도 보호요인이 완충할 가능성이 높으며, 보호요인과 위험요인은 별개의 개념이라는 것을 유추해볼 수 있었다.[49] 그렇기 때문에 위험요인과는 별개로 보호요인을 증진시키는 대책을 마련해야 한다.

---

[49] 위험요인이 비행에 미치는 영향까지도 보호요인이 완충할 가능성이 높다는 연구결과들로는 이동원(1997), 정혜원(2008), 루터(Rutter, 1979), 하킨스와 그의 동료들(Hawkins et al., 1999)의 연구들이 있다. 특히 정혜원(2008)은 본 연구의 자료인 청소년패널조사를 이용하여 위험요인과 보호요인이 단일 차원의 양극단이 아니라 개념적으로 별개의 것이며, 보호요인은 위험요인이 비행에 미치는 영향을 완충하는 역할을 한다는 것을 확인하였다.

보호요인을 증진시키는 대책과 관련하여 또 한 가지 고려해야 할 점은 '시간의 흐름'이다. 즉 발달적 원리에 근거해야 한다는 것이다. 여기서 발달적 원리란 청소년들의 성장과 주변 환경의 변화를 고려하는 장기적 관점을 의미한다.

마지막으로 이제까지 청소년 비행 대책은 청소년 개인을 대상으로 하는 프로그램 위주의 전략이 많았다. 그러나 청소년들은 가정, 학교, 지역사회 등과 같은 주변관계 속에서 성장한다. 그러므로 청소년 개인뿐만 아니라 청소년의 실제적인 주변관계와 깊은 관련이 있는 프로그램을 개발해야 하며, 청소년들의 주변관계를 위험요인과 보호요인으로 구분하여 동시에 고려하는 대책을 수립해야 할 것이다.

제2장
연구의 한계와 의의

본 연구는 다음과 같은 한계를 가지고 있다.

첫째로 본 연구에서 사용된 자료상의 한계이다. 본 연구에서 사용하고 있는 한국청소년정책연구원의 '한국청소년패널조사'는 2003년 조사시작 시점에서 2007년까지 4차까지 자료가 수집되어 있다. 그러나 본 연구에서 주목하고 있는 인생사건은 2006년도(3차)에만 한시적으로 조사된 것이다. 이런 이유로 본 연구에서는 인생사건 자료가 있는 1차, 2차, 3차 자료를 사용하였다. 따라서 인생사건과 비행시작에 관련하여 한정된 시점에서만 연구할 수밖에 없었다.

둘째로 본 연구에서 사용된 자료는 본 연구를 위해 수집된 자료가 아니기 때문에, 연구에서 주목하고 있는 인생사건과 관련된 측정변수들의 한계를 지적할 수 있다.

이러한 한계에도 불구하고 몇 가지 의의를 살펴보면 다음과 같다.

본 연구에서는 청소년들이 성장하면서 경험하게 되는 각종 인생사건과 변화들을 고려한다는 점에서 기존의 연구와는 차별화된다. 특히 국내에서는 인생사건과 비행시작에 대한 연구가 부족하다. 그러므로 인생사건과 관련된 외국의 성과를 소개하고, 이 현상을 경험적 연구를 통해 접근하려는 시도 자체로도 의의가 있다.

또한 한국 사회 청소년 비행 시작에 영향을 미치는 인생사건을 발굴했다는 점에서 의의를 찾을 수 있다. 인생사건에 관련된 기존의 연구에서는 '결혼이나 직업'과 같은 범죄중단과 관련된 연구들은 있었으나, 비행시작과 관련된 인생사건에 대한 연구는 미흡했다. 그런데 본 연구에서는 비행시작과 관련된 인생사건을 발굴하고 경험적으로 검증하려고 했다는 점에서 의의를 찾을 수 있다.

둘째로 본 연구에서 답하고자 하는 것은 '어떤' 청소년들이, '왜' 비행을 저지르는가에 대한 것이 아니라, '언제', '어떻게', 청소년들이 비행이라는 새로운 삶의 궤적으로 진입하는가이다. 즉 기존의 연구와는 전혀 다른 문제의식을 제시하고 있다는 점에서 본 연구의 의의를 찾을 수 있다.

본 연구는 '언제', '어떻게' 아이들이 비행이라는 새로운 삶의 궤적으로 진입하는지를 발전 – 생애과정범죄학이라는 새로운 이론적 자원을 이용하여 설명하였다. 또한 한국청소년 비행에 대한 설명력이 높다고 검증되고 있는 사회유대이론과 사회학습이론을 재구성하여 '보호요인과 위험요인'을 살펴봄으로써 발전 – 생애과정범죄학의 폭넓은 통합에 기여하고 있다.

셋째로 본 연구에서는 위험요인과 보호요인의 구분 정의를 통해, 인생사건이 비행시작에 미치는 영향을 경험적으로 검증했다는 점에서 국제적인 연구의 기반에 기초를 만들었다고 할 수 있다.[50] 또한 위험요인과 보호요인으로 확인된 요소들을 통해 비행을 줄이고 청소년들의 삶을 향상시키기 위한 매우 실제적인 연구라는 점에서 의의가 있다.

넷째로 서구에서는 로체스터 청소년발달연구(The Rochester Youth Development), 덴버 청소년 조사 연구(The Denver Youth Survey), 피치버그 청소년 연구(The Pittsburgh Youth Survey) 등과 같이 국가적인 차원에서 종단자료를 축적하고 활발한 연구 활동을 진행시키고 있다. 그러나 국내에서는 청소년 비행에 관한 많은 연구가 있었음에도 불구하고, 오랜 기간 여러 번에 걸쳐 조사가 이루어지는 종단연구는 많지 않았다. 종단연구는 오랜 기간에 걸쳐 조사가 이루어지기 때문에 표본의 확보도 힘들 뿐만 아니라 시간과 비용이 많이 소요되는 힘든 연구이기 때문이다.

이처럼 청소년에 대한 체계적인 종단자료의 수집이 거의 이루어지지 않다가, 2003년부터 한국청소년정책연구원에 의해 전국적 규모의 청소년 패널자료의 개발이 이루어졌다. 이러한 종단적인 자료가 구축됨으로써 지금까지 검증할 수 없었던, 비행경력의 첫 단추인 비행시작을 연구했다는 점에 본서의 의의가 있다.

다섯째로 청소년 비행의 형태를 살펴보면, 단순, 충동적인 일시적인 비행이 다수를 차지하고 있기 때문에 지속이나 중단의 연구도 필요하지만, 예방 측면에서 본다면, 청소년들이 언제 어떻게 일상적인 생활에서 비행이라는 궤적으로 진입하게 되는가에 대한 연구가 매우 중요하다. 본 연구는 비행발생가능성을 사전에 진단하고 예방할 수 있는 '비행시작'에 주목하고 있다는 점에서 의의를 찾을 수 있다.

---

50) 패링턴(Farrington, 2000)은 위험요인·보호요인과 관련된 연구전망에서 국가들 간에 위험요인과 보호요인이 어느 정도까지 일치하는지를 조사하는 것이 중요하다고 전망했다.

여섯째로 기존의 청소년 비행 연구에 상호작용효과를 직접적으로 분석한 논문은 이동원(1997, 2001), 노성호(2005), 이성식(2008), 정혜원(2008) 연구 정도이다. 청소년 비행을 설명함에 있어서 상호작용효과를 고려한다는 것은 독립변인들 간의 조건화를 통하여 비행을 설명한다는 의미이다. 즉 한 독립변인의 특정 조건하에서 다른 독립변인들의 비행에 대한 영향은 더 강하거나 약하게 나타날 수 있다(노성호, 2005). 상호작용효과를 살펴봄으로써 비행을 설명함에 있어서 현실에 가깝게 비행에 대한 예측을 제공해줄 수 있다. 본 연구도 '보호요인과 위험요인'이, 인생사건이 비행시작에 미치는 영향을 조절하고 있는가를 경험적으로 검증함으로써, 비행시작과 관련하여 좀 더 현실에 가깝게 연구하고 있다는 점에서 본서의 의의를 찾을 수 있을 것이다.

제3장
청소년 비행 어떻게 예방할 수 있을까?
: 보호요인과 위험요인을 중심으로

불안과 혼란의 시기인 청소년기에 경험하는 부정적 인생사건은 청소년들의 문제행동을 동반할 가능성이 높다. 그러나 다차원적이고 역동적인 청소년들의 주변 환경이 어떠한 요인으로 구성되어 있는지에 따라 청소년들은 문제행동을 시작하기도 하고 시작하지 않기도 한다. 다시 말해 청소년의 주변 환경이 어떠한 위험요인과 보호요인으로 구성되어 있는지에 따라 청소년들이 문제행동을 시작하기도 하고 문제행동을 시작하지 않기도 한다는 것이다.

1980년대 범죄경력연구 이후로 소수의 만성재범자에 관한 많은 지식이 축적되었다. 이러한 발전은 자연스럽게 정책실무자들로 하여금 만성재범죄자가 될 개연성이 있는 소년을 사전에 판별하고, 이들의 재범발전을 차단할 수 있는 대처방안을 모색하는 데 많은 관심을 갖도록 하였다. 이 과정에서 정책실무자들과 학자들은 만성재범죄자가 될 개연성이 있는 소년들을 판별하기 위한 노력의 하나로 위험요인과 보호요인을 종합하였다. 최근에 들어 미국을 비롯하여 영국, 오스트레일리아, 스웨덴, 네덜란드 등에서는 위험 - 보호요인론이 대표적인 견해로 받아들여지고 있다(Howell, 2003: 103).

본 장에서는 최근 대두되고 있는 위험 - 보호요인론에 근거한 비행예방프로그램을 학교영역을 중심으로 살펴보고자 한다. 지금까지의 연구들은 청소년 개인과 청소년을 둘러싼 사회적 환경, 즉 가정, 또래, 학교 등에 초점을 맞춘 원인적 접근을 바탕으로, 위험요인이 무엇인가를 주로 밝히고, 그 위험요인을 줄이는 것에 더 많은 관심을 두었다. 또한 위험요인과 보호요인을 단일 차원의 양극단으로 사고하여, 위험요인을 감소시키는 것이 보호요인을 증진시키는 것이라고 보았다. 그러나 기존 연구들과 본 연구의 전체적인 결과를 종합해보면, 보호요인이 존재한다면, 위험요인이 비행시작에 미치는 영향까지도 보호요인이 완충할 가능성이 높고, 보호요인과 위험요인은 별개의 개념이라는 점을 확인할 수 있다. 즉 한 개인이 비행에 관련될 가능성은 청소년이 성장과정 전반에 걸쳐 문제행동(비행, 학대, 퇴학, HIV/AIDS 위험행동 등)에 연관될 가능성을 증가시키거나 감소시키는 위험요인과 보호요인들 간의 수학적 연산과정으로 생각해볼 수 있다. 이 기본 틀은 필연적으로 단일 요인에 의한 것이 아니며, 다수의 요인들(위험요인과 보호요인 모두)이 결합되어 청소년기 성장과정 전반에 걸쳐 영향을 미치고 형성되는 것이다. 이는 삶에서 더 많은 위험요인들이 나타날수록 문제행동의 가능성이 더 커진다는 것을 의미한다(Bry, McKeon and Pandina, 1982; Newcomb, 1995). 그러나 위험요인들의 부정적인 영향은 문제행동에 맞서는 탄력성(resiliency)[51]을 증가시키

---

51) 국내의 다수 사회복지 연구자들은 resiliency를 탄력도 또는 탄력성으로 번역해오고 있다. 그러나 천정환과

는 특정 보호요인들이 나타남으로써 완화될 수 있다(Garmezy, 1985; Werner, 1994). 그러므로 위기청소년들의 경우 그들의 주변 환경이 어떠한 위험요인과 보호요인으로 구성되고 조합을 이루는지에 따라 비행을 시작할 수도 있고 비행을 시작하지 않을 수도 있다.

최근에 몇몇 연구자들은 예방 분야로 발상을 전환하여 위험을 줄이는 노력보다는 탄력성을 기르는 데 집중하자고 역설했다(Bernard, 1991; Benson, 1997). 이 연구자들은 위험에 대한 강조는 결핍에 대한 강조일 뿐이며, 예방 전략은 탄력성을 기르는 데 집중함으로써 더욱 유의미한 결과를 낳을 것이라고 주장한다. 그러나 최근의 연구는 오로지 탄력성에만 집중하면서 위험요인을 무시하는 것은 문제적 행동의 유포를 줄이기 위한 방법으로서는 불완전하다는 것을 보여주고 있다. 폴라드와 그의 동료들은(1999) 위험요인을 방치하면서 탄력성에 집중하는 전략은 보호요인들을 증대시키는 동시에 위험요인들을 감소시키는 전략에 비할 때, 문제행동을 줄이지 못한다는 점을 예리하게 지적하고 있다. 또한 본 연구의 전체적인 결과를 종합해보면, 보호요인이 존재한다면, 위험요인이 비행시작에 미치는 영향까지도 보호요인이 완충할 가능성이 높았으며, 보호요인과 위험요인은 별개의 개념이라는 것을 유추해볼 수 있었다. 그렇기 때문에 위험요인과는 별개로 보호요인을 증진시키는 대책을 마련해야 한다는 것을 다시 확인할 수 있었다.

오늘날에는 많은 청소년비행예방프로그램들이 있지만, 위험요인과 탄력성을 함께 고려하지 못하기 때문에 성공적이지 못했다. 다시 말하면, 그 프로그램들은 문제행동의 가능성을 감소시키는 보호요인들

같은 일부 학자는 resiliency를 회복도로 번역해야 한다고 한다. 이에 저자는 맥락에 따라 개념적으로 사용될 때는 resiliency을 탄력성으로 번역하였고 의미전달이 중요할 때는 회복력이라고 번역하였다.

을 다루지 않고 위험요인들에만 너무 치중하고 있거나, 위험요인의 근원을 다루지 않고 탄력성을 증진시키는 데에만 치중하고 있다. 이를 대체하는 효과적인 예방프로그램과 전략의 계획이 되려면, 두 요인들의 동적 특성과 상호관계를 고려해야 한다(Pollard, Hawkins, and Arthur, 1999).

위험요인과 보호요인을 동시에 고려하는 비행예방프로그램의 경우, 본 연구의 결과에 의하면 학교영역을 중심으로 실천할 때 효율적일 수 있다. 또한 한국 사회의 학령기 아이들의 일과는 학교에서 시작되어서 학교에서 끝난다고 해도 과언이 아닐 정도로 학교라는 울타리 속에서 생활하고 있다. 그러므로 교사 그리고 학교와 관련된 관계자들은 청소년들에게 문제적 징후가 나타났을 때 가장 먼저 문제를 판별할 수 있는 위치에 있다. 또한 학교의 중요성은 일탈행위에 관한 여러 이론이나 청소년 비행을 학교와 연관시킨 정부 – 민간보고서 등에도 잘 나타나 있다.

이에 미국의 범죄예방국이 제시하는 위험-보호요인과 관련된 예방프로그램중에서, 한국청소년들에게 유용한 정책적 제언이 될 수 있는 부분을 학교영역을 중심으로 발췌하여 소개해 보고자 한다.

학교에서의 비행예방프로그램은 비행을 대상으로 하는 것이 아니라, 학교환경의 특정한 문제요인을 조정하는 역할을 함으로써 비행이나 범죄를 예방할 수 있다. 그와 관련해서 본 장에서는 무단결석예방, 학교/교실 환경, 학업능력향상, 교실 내 커리큘럼, 교과구성, 지도력과 청소년발달, 방과 후 활동 등 여섯 가지를 중심으로 살펴보고자 한다.

1. 무단결석(Truancy Prevention)

청소년들을 비행, 사회적 고립 또는 교육적 실패로 나아가게 하는 초기의 경고 표시들 중 하나가 무단결석(Truancy Prevention)이다. 기존 연구들은 무단결석이 폭력, 결혼문제, 직업문제, 성인범죄, 구속 등과 같은 추후의 문제들과 밀접한 관련성을 맺고 있다는 경험적 증거들을 제시하고 있다(Dryfoos, 1990; Catalano et al., 1998: Robins and Ratcliff, 1978; Snyder and Sickmund, 1995). OJJDP's Program of Research on the Causes and Correlates of Delinquency와 같은 더 최근의 연구들에 따르면 무단결석이 심각한 폭력과 비폭력적 불법행위의 사전 지표일 수 있으며(Kelley et al., 1997), 무단결석과 비행 사이 관계는 특히 남자의 경우에 긴밀하다.

게다가 OJJDP's Study Group on Very Young Offenders의 연구결과는 초등학교에서의 만성적 무단결석은 12세 이전의 심각한 비행과 연관되어 있음을 보여주었다(Loeber and Farrington, 2000). 이처럼 부모의 인지나 동의 없이 청소년이 고의적으로 학교에 등교하지 않는 행동인 무단결석은 청소년들을 비행이나 범죄 또는 사회적 고립 또는 교육적 실패로 나아가게 하는 출발로 간주된다. 그러므로 무단결석을 초기에 예방하는 것은 청소년들의 비행이나 범죄를 감소시키는 사전 예방적 효과를 지닐 수 있다.

미국 교육부와 법무부의 발표에 따르면 무단결석을 줄이는 데 가장 성공적이었던 지역사회는 절차를 개선하는 데 집중하였을 뿐만 아니라, 무단결석자 및 학부모들에 대한 동기부여와 제재를 강조하는 포괄적인 전략을 동시에 실행하였다. 이들은 무단결석에 맞서기 위한,

포괄적인 공동체 전략과 교육전략의 기본 요소 다섯 가지를 규명하였다. 첫째로 모든 무단결석 예방 활동에 부모들을 포함시켜야 한다. 예컨대, 교사－학부모 소통을 증대하기 위해 '숙제 핫라인'이나 학부모 비상연락망 지정과 같은 프로그램의 실시를 권고하고 있다. 둘째로 학생들이 무단결석 시 강경한 제재를 받도록 확정해야 한다. 이를 위해서 각 교육구는 위반자들에게 엄격하게 제재를 가하고 '무관용'정책을 상호 공유해야 한다. 셋째로 아동들이 확실히 학교에 가도록 학부모의 책임에 대한 의미 있는 동기부여를 만들어내어야 한다. 무단결석 아동의 학부모는 학부모교육프로그램에 참가하도록 요구받을 수 있고, 무단결석은 공식적인 제재의 대상이 될 수 있으며 또는 정기적인 학교 출석의 증거는 학부모의 특정 공공보조에 대한 지원 자격에 직접적으로 영향을 주도록 해야 한다. 넷째로 학교에서 아동들 개개인의 요구를 수용하고 무단결석의 근본 원인과 맞서는 초기 대응을 전개함으로써 진행형의 무단결석 예방프로그램을 실시해야 한다. 예를 들면 튜터링, 증대된 안전, 마약 예방, 멘토십, 증대된 학부모 개입, 위탁 교육 등을 제공해야 한다. 다섯째로 무단결석 감소를 위한 노력에 지역 사법기구를 포함시켜야 한다(U.S. Department of Education and U.S. Department of Justice, 1996).

물론 이러한 정책들은 강력해야 한다. 문제 해결을 위해 학교가 제일 앞서 실천해나가야 하며, 출석 정책 입안에 참여하는 것은 광범위한 기반이 있어야 한다. 출석에 대한 기대는 성실한 또는 불성실한 출석의 결과와 마찬가지로 문서로 기록되어야 한다. 정책은 충분히 홍보되어야 하고, 정책은 교사, 상담자, 교장에 의해 모든 차원에서 일관되게 실행되어야 한다. 학생의 결석에는 학교직원으로부터의 전화나 가정통신문이 뒤따라야 한다.

위에서 지적한 사항들에 덧붙여, 다른 전문가들이 주장하는 것은 학교가 출석은 학생과 학부모의 책임이며 결석에 대해 해명의 의무를 진다는 것을 분명하게 선언해야 한다는 점이다. 정책은 처벌이기보다는 교육적이어야 하고, 정당한 절차를 포함해야 하고, 상황을 충분히 참작할 수 있도록 유연해야 한다(ERIC Clearinghouse on Urban Education and Office of Educational Research and Improvement, 1997).

2. 학교/교실 환경(School/Classroom Environment)

학교는 학생들의 성장기간 동안 그들에게 예방 전문가들이 정기적으로 접근할 수 있도록 해주고, 학업기간 동안 범죄에 가장 취약한 청소년들에게 꾸준한 접근을 제공해주어야 한다(Gottfredson, 1998). 학교는 전반적인 학교 여건을 개선하고 효과적인 프로그램을 실행하고 유지함으로써 청소년들의 수업 중 그리고 방과 후의 행동에 긍정적인 영향을 줄 수 있어야 한다.

학교에 대해 한 개인이 갖는 긍정적인 감정 및 관계 정립의 결여는 청소년 범죄와 직접적으로 관련된다는 것이 드러났다. 예를 들어, 고교생들의 교내 유해물질 사용 예시 지표에 관한 연구에서 뵐클과 프론(Voelkl and Frone, 2000)은 학생들의 학교에 대한 관계 정립의 결여는 학교 내 음주 및 마약 사용 모두와 밀접하게 관련되어 있음을 발견하였다.

학교와 교실 환경을 긍정적으로 바꾸고자 지향하는 예방프로그램들은 문제행동들이 발생하는 전반적인 맥락을 변화시킴으로써 문제행동들을 줄이거나 없앨 수 있다. 학교와 교실 환경을 긍정적으로 바꾸는 전략은 다음과 같은 개입을 포함한다. 첫째로 의사결정 과정이나 권위 구조를 바꾸는 것(학교 역량 만들기)이다. 둘째로 규칙을 활용하여 행동 규범과 예시적 타당 행동을 재정의하는 것(행동 규범 설정)이다. 셋째로 훈육에 유연성을 더 부여하기(교실 조직)이다. 넷째로 보상 및 처벌의 활용과 휴식시간의 축소 실행(교실 운영)이다. 다섯째로 더 작은 단위, 지속적인 상호작용, 다양성 있는 학생 혼합 등을 편성하기 위한 학급 또는 학년의 재인식이다. 청소년들에게 학교에 대한 애착을 길러줄 수 있는 프로그램들은 범죄나 비행 예방모델로서 의미 있는 역할을 하였다.

또한 학교 또는 교실 환경의 개선에 목표를 둔 예방프로그램들은 학교생활의 모든 측면이 폭력과 유해물질 남용에 영향을 끼칠 수 있다는 전제로부터 만들어진다. 때문에 사회 조직화 이론과 밀접한 연관을 맺고 있다(Sherman et al., 1998). 갓프레드슨(Gottfredson, 1998)은 그러한 '규범과 행동의 명료화 및 소통에 목적을 둔 프로그램들'을 효과적인 예방 접근법으로 규정한다. 효과적이었던 것으로 드러난 이 실천의 몇몇 사례들(최소한 하나의 연구 또는 성공적이라고 평가되는 요소들을 포함해서)은 학교 또는 교실 환경 전략과 직접적으로 연관되어 있었다. 예를 들면 Student Training Through Urban Stategies와 같은 '학교 내의 학교' 프로그램들,52) 행동 조절 방법이나 보상 및 처벌을 활용한 '사유' 능력 수련 또는 연수,53) 학교 팀들이나 한 연구에서 비행이나 유해물질 남용을 감소시키는 데 성공적이었던 다른 조직 발달 전략의 활용을 통해서 혁신을 시작하고 유지하기 위한 학교 역

52) 도움이 되는 상호활동이나 유연성 있는 지도를 위해 학생들을 더욱 작은 단위로 구성한 이 프로그램들은 마약남용과 비행을 감소시켰다.
53) 이 프로그램은 비행과 유해물질 남용을 줄일 수 있었다.

량 만들기, 개선된 교실 운영과 한 연구에서 음주를 감소시킨 훈육 기술 등이 있다(Gottfredson, 1998).

3. 학습능력 향상(Academic Skills Enhancement)

학교는 청소년들이 사회적으로 적절한 행동을 배우고 인지능력을 개발하며 초기의 경력 개발 유형을 정립하도록 해주는 기본 기관의 하나이다. 모든 학생이 이 능력들을 개발하는 것을 도와주고자 학교들이 노력함에도 불구하고 몇몇 학생들에게 문제점들이 발생하는 것은 불가피한 일이다. 학생들의 가장 흔한 문제점들 중 하나는 학습 부진이다. 학습문제는 그 자체로 교육적 희망을 좌절시킬 수 있다. 그러나 학습문제는 더욱 심각한 행동문제의 사전 조짐일 수도 있다. 학습의 실패는 비행으로 가는 통로로 간주된다(Maguin and Loeber, 1996). 실제로 학습문제는 청소년들을 차후의 심각하고 폭력적인 공격성의 현저한 위험에 노출시킨다는 것이 연구결과 드러난다(Catalano, Loeber, and McKinney, 1999; Maguin et al., 1995). 특정한 하위집단을 조사해 볼 때는 연구결과가 혼란스러운데, 어떤 연구는 여성보다 남성의 경우에, 흑인보다 백인의 경우에 그 연관성이 강하며 사회경제적 지위와는 연관성이 약하다는 것을 보여주는 반면(Maguin and Loeber, 1996), 여성과 흑인의 경우에 그 연관성이 더 강하다는 것을 보여주는 다른 연구들도 있다(Hawkins et al., 2000; Voelkl, Welste and Wieczorek, 1999).

그러나 학습문제는 청소년발달의 광범위한 맥락에서 파악되어야 한다. 행동 자체만이 아니라 그 행동이 이전에도 발생한 적이 있는지,

어떤 조건에서 일어났는지, 어느 정도의 빈도와 강도로 발생한 것인지, 얼마 동안 지속되었는지 등을 고려하는 것이 중요하다(Kelly et al., 1997). 예를 들어, 한 학년 동안 다수의 과목에서 시험에 자주 낙제하고 계속 품행 불량으로 야단맞은 4학년생은 시험에서 한두 번 나쁜 성적을 받은 2학년생보다 더 걱정스럽기 마련이다. 즉 어느 정도의 부정행위, 엉뚱한 짓 또는 고집부리기는 청소년 누구에게나 해당되는 것이다(Kelly et al., 1997). 실제로 몇몇 연구자들은 청소년기의 반항적 행동의 시작은 개인화의 정상적 과정임을 제시하기도 한다(American Psychiatric Association, 1994). 그러나 인성적 발달, 사회적 기능성, 학습적 성취, 직업적 준비가 상당히 부진할뿐더러 문제적 행동을 계속적으로 점점 심하게 저지르는 청소년들은 차후 심각한 폭력적 행동의 가능성이 훨씬 더 크다.

거꾸로 말하면, 높은 학습적 성취를 경험하고(Henggeler, 1989; Elliot and Voss, 1974; Hawkins and Lam, 1987) 학교 활동에 애착을 보이며 능동적으로 참여하는 학생들은(Johnson, Crosnoe, and Elder, 2001), 비행과 문제행동에 관련될 가능성이 적다. 나아가서 학생들을 풍부한 교육적 원천 안에 있도록 하는 개입은 비행을 감소시키는 것으로 드러났다(Maguin and Loeber, 1996). 이 학생들은 자신들에 대한 지역사회의 높은 기대, 부모 및 가족과의 긍정적인 유대, 효과적인 양육, 학교와 지역사회에서의 참여 기회, 긍정적인 또래 및 또래집단 활동에의 어울림과 같은 다양한 보호요인들에 의해 뒷받침된다.

학습 실패와 장래 비행 사이의 정비례 관계를 보여주는 연구결과들은 종사자들이 실제적인 학습능력을 증진시키는 예방적 전략들을 고안하도록 이끌었다. 위험성 있는 구성원들이 학습능력을 증가시키도록 특별하게 고안된 전략 중 하나는 대안학교(alternative school)이다.

대안학교는 소규모 학급, 정형화되지 않은 교실, 높은 교사 비율, 개인 지도, 비경쟁적인 수행 평가 등을 크게 강조하는 본질적으로 특화된 교육 환경이다(Raywid, 1983). 이러한 학교들의 목표는 수업 방해 행동이나 무기 소지로 퇴학당하거나 정학당한 학생들 또는 일반 학교 환경에서 성공하는 것이 불가능한 학생들에게 학습지도를 제공하는 것이다(Ingersoll and LeBoeuf, 1997).

최근의 평가들(Kemple and Snipes, 2000; Cox, 1999; Cox, Davison and Bynum, 1995)은 대안학교들이 상당히 긍정적인 효과를 지녔다는 점을 분명히 보여준다. 57개 대안학교 프로그램에 대한 어떤 상위분석은 대안학교들이 학업 수행, 학업 태도, 자긍심에 관해 긍정적인 영향을 끼쳤으나, 비행에 대해서는 영향이 없었음을 발견했다(Cox, Davison and Bynum, 1995). 이 연구는 또한 위험 청소년들을 대상으로 한 대안학교들이 다른 프로그램들보다 더 큰 효과를 낳았고, 성공적인 프로그램들일수록 특화된 구성원들의 필요에 집중되어 있는 커리큘럼과 구조를 지니는 경향이 있음을 찾아냈다. 그러나 이 효과는 단기적인 것에 그칠 수도 있다. 하나의 대안학교의 일 년치 추적 실험 계획을 활용함으로써 콕스(Cox, 1999)는 이 긍정적인 효과들이 일 년 뒤에는 관찰되지 않음을 발견했다. 따라서 대안학교에서 학생들에게 주어지는 사후 도움의 유형은 해당 프로그램의 장기적 목표 달성에 중요할 것이다. 결론적으로, 9개 학교와 1,900명의 학생들을 포함하는 학력 계획에 대한 5년간의 평가는 계획에 참여하지 않은 그들의 대조집단과 비교하여 볼 때, 학력 계획에 참여한 위험군 학생들의 경우 1) 학교를 그만두는 것은 1/3가량일 것이고, 2) 학교에 출석하고 학과와 직업훈련 과정을 완료하고 대학에 지원할 가능성이 크고, 3) 목적을 설정하고 학업과 직업적 목표에 도달할 수 있는 더 많은 기회를 부여

받았다(Kemple and Snipes, 2000).

학습 개발·개입방법들 중에는 비행에 관한 학습 성공의 특정한 효과를 평가한 경우가 거의 없지만 몇몇 연구들은 이 프로그램들의 교육적 효과를 파악했다. 사실 미청소년정책포럼(American Youth policy Forum)이 수행한 수많은 프로그램들의 엄격한 평가는 학습 성취에서 상당한 성공을 달성한 20개의 학습능력프로그램들을 제시했다. 이 프로그램들의 전반적 분석을 통해, 그들의 또래 집단 또는 그들 자신의 예전 학습 수행과 비교할 때, 이 20개 프로그램에 참여한 청소년들이 더 높은 시험 성적을 받고 더 많은 수가 학교를 졸업하고 더 많은 수가 대학에 입학하고 재학했음이 밝혀졌다(Jurich and Estes, 2000).

특히 이 분석에 포함된 한 프로그램은 미국소년소녀클럽(Boys and Girls Club of America)이었다. BGCA는 1996년 공공시설에 수용된 청소년들을 위한 방과 후 학교프로그램을 시작하였다. 이 프로그램은 글쓰기, 숙제하기, 독서하기, 교육적 게임 등 활동들을 포함한다. 이것은 선택 추출된 비교 및 통제 집단 계획으로 평가되었다. 비교 및 통제 집단은 나이, 성별, 인종적 배경이 동일했다. 비교 및 통제 집단의 몇몇 청소년들은 개인 지도를 받았지만 구조화된 프로그램에 참석하지는 않았다. 평가는 실험 이전과 18개월 이후 사이에 프로그램에 참여한 청소년들이 수학, 영어, 쓰기, 과학, 사회 및 학과 전반의 평균 성적에서 통계적으로 유의미한 개선을 이뤄냈음을 알아냈다. 프로그램에 참여한 청소년들의 학교 출석률 또한 증가하였다(Schinke, Cole, and Poulin, 2000).

학습능력프로그램의 또 다른 사례는 Upward Bound(UB)인데 이것은 대학 진학에서 불리한 청소년들에게 기회를 늘려주기 위해 연방 차원에서 마련한 재원이다. 이 프로젝트는 광범위한 학습 지도와 상담, 개인지도 및 기타 지원 서비스를 제공한다. 학생들은 학기 내내 만남을 갖고 5주에서 8주간 계속되는 밀도 높은 여름 합숙 프로그램에 대체로 참여한다. UB는 67개 Upward Bound 프로그램의 대표적인 샘플에서 임의적으로 할당된 2,800명의 학생들을 통해 평가되었다. 연구자들은 프로그램에 참여한 청소년들을 6년간의 장기적인 학생 조사 및 추가적인 정보로부터 얻어진 자료 분석에 의한 통제 집단과 비교했다. 첫 단계의 평가는 Upward Bound가 프로그램에 참여한 학생들의 학습능력에 제한된 효과를 낳았음을 발견했다(Myers and Schirm, 1997). 평가는 프로그램에 참여한 학생들이 참여하지 않은 유사한 수준의 학생들보다 더 많은 학업을 완료할 것으로 예상된다는 것을, 그리고 프로그램이 참여자들이 고교 과정 동안 이수하는 커리큘럼의 숫자에 긍정적인 영향을 미친다는 것을 발견했다. 가장 많은 이득을 얻은 학생들은 낮은 학업 기대치를 받은 학생들이었다. 인종적인 집단 단위로 파악해볼 때는 중남미계 학생들이 가장 많은 이득을 얻었다. 안타깝게도 이 프로그램은 참가자들의 고등학교 성적에 1년 동안은 영향을 주지 못했는데 많은 학생들이 1년 뒤에 프로그램을 떠났다(Myers and Schirm, 1997).

4. 교실 내 커리큘럼(Classroom Curricula)

커리큘럼은 프로그램의 구성 항목들을 조직하고 체계화하는 데 유용한 방법이다. 커리큘럼은 첫출발을 도와주고 프로그램의 목표 및 목적에 대한 충실성을 격려한다.

예방으로부터 교화에 이르는 청소년보호체계 전반에 걸쳐서 제대로 검증된 커리큘럼은 청소년들에게 최적화된 발달상의 결과를 증진시키는 구상을 구현하는 데 효과적인 수단이라는 것이 증명되어 왔다. 많은 커리큘럼들이 폭력 예방, 품행 문제, 청소년 비행, 성인 범죄, 심한 학대 등에 초점을 맞추는 데 반하여 이 프로그램의 핵심적 목표는 인지적·사회적·감성적 능력을 향상시키는 것이다.

전통적으로 학교들은 대체로 예방프로그램의 각축장이었다. 학교들은 가정이나 지역사회에 비해 행동과 인식의 일반화와 안정화를 위한 환경을 제공한다. 학교들은 학업을 지원하고 사회성 발달에 더욱 적합하고 친사회적인 실천을 위해 탁월한 사회적 의미를 전달할 수 있다(Fergusson and Lynskey, 1998; Gottfredson, 1998; Tremblay, Masse, Perron, and LeBlanc, 1992).

초등학교 학생들을 대상으로 하여 제대로 검증되고 실효성 있는 보편적 커리큘럼은, 아동의 딴 짓이나 공격적인 교실 내 행동들을 감소시키고 그들의 기초적인 학습능력과 사회적으로 바람직한 행동들을 증대시키는 개입들을 포함한다. 학습상의 능력과 사회적 능력은 좋은 장－단기적 결과들을 미리 보여주는 것이다(Coie and Krehbiel, 1984; Ferrer－Wreder, et al., 2003; Finn, Pannozzo, and Voelkl, 1995). 만약 교사들이 교실에서 품행상의 문제들을 바로잡는 데 시간을 덜 할애한다면, 그들은 학습적 성취의 증진이라는 전통적인 임무에 더 많은 시간을 할애할 수 있을 것이다. 그래서 아동들의 교실 내 딴 짓과 수업 방해 행동들을 줄이기 위해 예방지향적으로 고안된 우선 조치들은 전반적인 전체 학습 환경에 많은 장점을 갖는다(Ferrer－Wreder, et al., 2003; Nelson, 1996). 교실 내 행동에 초점을 두고 개발된 실효성 있는 커리큘럼의 사례로는 Responsive Classroom and Linking the interests of

Families and Teachers가 있다.

5. 지도력과 청소년발달
(Leadership And Youth Development)

전통적인 청소년사법체제는 청소년들의 힘을 제대로 인식하지 않았고 이 힘들을 북돋아주기 위해 노력하지도 않았다. 전통적인 청소년사법체제는 청소년들에게 무슨 문제가 있는지를 물었으며 그것을 고치려고 노력하였다(Schartz, 2000). 그러나 1990년대 초에 이 전통적인 '결핍 기반'의 청소년사법접근법은 비행예방을 위한 능동적인 접근법의 도전을 받게 되었다.

이 새로운 접근법(청소년발달)은 다른 이들이 가치 있다고 여기는 임무와 활동에서 생산적이고 효과적인 청소년들의 능력을 개선하는 경쟁력의 계발에 우선권을 둔다. 이 접근법은 단일한 프로그램이나 특정한 구체적 내용에 의해 정의될 수 없다. 사실 유의미한 것은 바로 과정이다. 이 광범위한 전략은 청소년들을 반사회적인 규범으로부터 떨어뜨려 통념적인(일상적인) 성인다움으로 전향시키는 모든 개입을 포함한다. 그것은 청소년의 능력을 부담이 아닌 자산으로 바꾸기 위해서 교육에서의 발전, 사회적인 능력, 취업가능성, 시민적 및 여타 생활 능력들에 집중하는 개입들을 강조한다(Bazemore and Terry, 2001).

이 새로운 접근법은 청소년기의 강점 늘리기(또는 능력 발달)와 청소년기 동안 감소하는 문제들 사이의 관계에 대한 소규모지만 늘어나고 있는 연구 활동에 기초하고 있다. 예를 들어 범죄 연구에서 늘 마주치는 발견은 청소년사법체제의 개입과는 무관하게 대부분 비행이 결국 그들의 비행에서 '성장'한다는 점이다(Elliott, 1993). 청소년발달을 지지하는 두 번째 증거는 고위험 환경에 처한 많은 청소년들이 정상적으로 성장하고 보호요인들의 결과로 결국 성공적인 삶을 살게 됨을 제시하는 회복력(resiliency)에 관한 연구들이다(Rutter, 1985; Werner, 1986). 청소년발달전망 타당성의 세 번째 근거는 장점이 많을수록 더 적은 위험행동으로 나아가며 학업 성공과 육체적 건강과 같은 추가적인 긍정적 결과들을 가져온다는 것에 대한 연구이다(Scales, 1999).

청소년사법체제에 대한 도전은 이 긍정적인 발달의 지식을 활용하고 이 힘들의 성공적인 통용을 위해 적합한 환경을 만들어내는 것이다(Bazemore and Terry, 2001).

청소년 능력발달의 이론적 기초는 통제이론에 크게 의존한 것이다(Hirschi, 1969). 사람들은 본성적으로 옳은 행동을 하기를 원하지만 환경에 의해 이를 방해받는다고 가정하는 다른 범죄학이론들과는 달리, 통제이론은 왜 인간이 옳은 행동을 하기를 원하는지를 설명하는 것이 제일 먼저 필요하다고 주장한다. 단적으로 말해서 통제이론은 우리가 범죄를 저지르지 않도록 하는 것은 사회적 통제라고 가정한다. 이 통제가 깨어지거나 약화되었을 때는 언제나 일탈이 발생할 것이라는 것이다.

청소년발달프로그램에서 이론적인 맥락은 유사한 논리를 따른다. 청소년발달프로그램들은 어째서 청소년들이 비행들을 저지르는가에는 주의를 기울이지 않는다. 오히려 청소년발달접근법은 단순히 '문제 바로잡기'보다는 청소년발달의 기본적 필요와 단계들에 대하여 주의를 더 기울인다. 그것은 청소년들에게 적절한 사회적 기관들 내에서 인정받는 임무와 활동들이 생산적이고 효과적일 수 있도록 능력과 사회적 자질을 제공하려고 노력한다.

　요약하면, 긍정적인 발달과정은 젊은이들이 사회적·감정적·윤리적·육체적·인지적 능력을 획득하도록 도와주는 일련의 구조화되고 진취적인 활동과 경험을 통해 청소년기의 시련에 맞서도록 준비시킴으로써 문제행동들을 예방하려고 노력한다. 이 '장점에 기반을 둔' 접근법은 청소년을 자원으로 바라보고 그들 자신의 지역사회 내에서의 발달을 위해 그들의 힘과 능력을 길러준다. 그것은 비행에 대한 보호물이 되는 적절한 태도, 행동, 능력의 습득을 강조한다(Bazemore and Terry, 2001).

　청소년발달프로그램들이 성공을 증대시키고 문제행동을 감소시키는 개인적인 보호요인들을 만들어낼 수 있음을 보여주는 증거들은 점점 더 늘어나고 있다(Benson and Saito, 2000). 예를 들어 긍정적인 청소년발달의 영향을 연구한 초기 연구자들 중의 Conrad와 Hedin(1981)은 조사 자료들을 활용하여 30개의 체험적인 교육프로그램들에서 4,000명의 청소년들을 연구했다. 6개의 프로그램들은 비체험적인 프로그램들에 속한 학생들이라는 비교집단을 갖고 있었다. 연구자들은 해당 프로그램에 속한 집단의 학생들이 개인적이고 사회적인 발달, 도덕적 합리화, 자기 존중, 지역사회 봉사와 참여에 대한 태도 등에서 향상을 보여주었음을 발견하였다. 긍정적인 청소년발달에 대한 다른 초기 연구들은 개선된 자존심, 도덕적 발전, 사회적 책임감과 능력의 향상을 보여주었다(Cognetta and Sprinthall, 1978; Newman and Rutter, 1983).

6. 방과 후/여가 활동(Afterschool/Recreation)

학교 일과의 종료와 부모가 직장에서 돌아오는 시점 사이의 몇 시간은 학생들에게 위험한 시간이다. 성인들의 통계와는 상반되게, 청소년에 의한 심각한 폭력범죄는 방과 후 시간이 되자마자 즉시 증가한다. 스나이더와 식문트(Snyder and Sickmund, 1999)에 따르면 "일반적으로 성인에 의해 저질러지는 폭력범죄 건수는 오전 9시부터 오후와 저녁에 걸쳐 시간마다 증가하고 오후 11시에 절정에 달하며 그 후 6시에 최저점까지 떨어진다." "완전히 상반되게, 청소년에 의한 폭력적 범죄는 학교 일과가 끝나는 시간인 오후 3시와 4시 사이에 절정에 이른다." 이 동일한 연구결과는 "등교일에 모든 청소년 폭력범죄의 19%는 오후 3시와 7시 사이의 네 시간 동안 발생한다."고 밝힌다. 더욱이 등교일과 비등교일의 범죄유형 비교는 오후 3시의 절정이 등교일에만 발생한다는 것을 드러냈다(Snyder and Sickmund, 1999).

청소년들은 또한 이 결정적 시간대 동안에 피해자가 될 가능성이 가장 높다. FBI National Incident-Based Reporting System의 자료에 대한 최근 분석에 따르면 청소년들은 학교 일과가 끝난 다음의 네 시간 동안(대략 오후 2~6시) 폭력범죄의 피해자가 될 가장 큰 위험에 처하게 된다. 실제로, 피해자 조사에 따르면 더 많은 비행은 NIBRS 자료가 밝혀낸 것과 달리 정오와 오후 6시 사이(이는 방과 후 시간을 포함함)에 발생한다. 예를 들어 National Crime Victimization Survey에 따르면 "경찰 자료에 의하면 청소년 강도 사건의 단 32%만이 정오와 오후 6시 사이에 발생한 반면에, 모든 강도 사건의 절반(51%)이 이 시간대에 발생한다."고 한다(Snyder and Sickmund, 1999).

비행에 있어서 이러한 극적인 시간적 편차는 아동들이 그들의 부모들이 직장에 있는 탓에 감독이 아예 없거나 거의 없는 상태로 방과 후 집으로 돌아오기 때문인 것으로 보인다. 연구결과에 따르면 12세의 35%가 그들의 부모가 직장에 있는 동안 정기적으로 홀로 남겨진다고 추산된다. 실제로 부모의 직장 시간표와 아동의 학교 시간표 사이의 격차는 주당 총 20~25시간에 이른다(U.S. Department of Justice, 2000). 이처럼 감독이 없는 시간대가 청소년들에게는 심각하고 폭력적인 행동의 위험요인이다. 이 증거는 "방과 후 시간대에 책임감 있는 성인들에 의해 감독되는 건설적인 활동으로 이익을 누릴 기회를 가진 아동들에 비해, 감독을 받지 않는 아동들은 술, 마약, 담배 등을 사용하고 낮은 성적을 받으며 학교를 중단할 가능성이 크다."는 가정을 뒷받침한다(U.S. Department of Justice, 2000). 더욱이 갓프레드슨과 와이즈만(Gottfredson and Weisman, 2001)은 방과 후 시간에 감독을 받지 않는 젊은이들은 단지 방과 후 시간만이 아니라 모든 시간대에 걸쳐 더 많은 비행을 저지른다는 것을 발견하였다.

학교에 다니는 나이의 아동들에게는 학교가 끝난 직후의 시간들이 그토록 위험할 수 있으므로 비행예방프로그램들은 이 사건들의 가능성을 줄이기 위해 활용되어야 한다. 양질의 방과 후 프로그램들은 비행의 위험성에 맞서는 보호막으로 광범위하게 지지받는다. 여론조사에 참여한 이들의 거의 백 퍼센트가 아동들이 안전하고 보호되는 환경에서 학문적·사회적 능력을 발전시키는 데 도움이 될 방과 후 프로그램을 갖는 것이 중요하다는 데 동의하였다(U.S. Department of Justice, 2000). 그러나 이러한 지지에도 불구하고 많은 지역사회의 경우에는 실현가능하고 접근가능한 방과 후 학교의 기회가 결핍되어 있다. 예를 들어 2002년까지 몇몇 도시 지역에서는 방과 후 프로그램의 공급이 수요의 겨우 20% 정도만을 충족시킬 것으로 예상되었다 (GAO/HEHS, 1997).

청소년들에게 위험요인을 줄여주고 보호요인을 증대시켜 주는 양질의 방과 후 프로그램들은 청소년과 그들의 가족에게 흥미롭고 보람 있는 경험들을 많이 안겨줄 수 있다. 방과 후 프로그램들은 학교 일과가 없는 시간 동안 아동들에 대한 책임감 있는 성인의 감독을 제공함으로써 가족들의 요구를 충족시켜 주므로 모든 연령의 아동들이 안전하고 문제에서 벗어나도록 보호해준다. 이 프로그램들은 또한 안전하고 구조화되었으며 긍정적인 환경에서 보람 있고 도전적이며 나이에 적합한 활동들을 제공해준다. 실제로 연구에 따르면 세 개의 주요한 기능들이 방과 후 프로그램에 의해 제공되었음이 드러난다. 이들은 1) 감독을 제공하며 2) 풍부한 경험과 긍정적인 사회적 상호 활동을 제공하며 3) 학문적인 성취를 개선시킨다(Fashola, 1999). 연구에 따르면 이러한 기능들의 결과로 방과 후 프로그램들은 학생들의 사회적 능력 개선, 학생들의 자신감 증진, 학생들의 숙제 질 향상, 학생들에게 희망 제공, 학업성취 고양, 독서에 대한 관심과 능력 증대, 새로운 능력과 관심의 개발촉진, 학교 출석 개선, 학업 중단 비율 감소, 위험한 행동의 단초가 되는 부정적인 영향들의 방지, 아동들에 대한 가족과 지역사회의 관심 증대, 낙제와 보충수업 처분 비율 감소, 범죄나 청소년 비행 혹은 폭력에 의한 희생 방지 등 수많은 효과를 지닌다.

참 고 문 헌

1. 국내문헌

기광도 · 이희길, 2004, "가정환경이 자녀비행에 미치는 효과분석: 자녀양육의
    매개과정을 중심으로", 『형사정책연구』 제15권 제4호: 323 - 360.
기너트(H. Ginott), 1984, 『부모와 자녀』, 이유경 역, 범우사.
김기헌 · 임희진, 2007, "패널데이터의 기초활동방법 — 한국청소년패널 사례분
    석", 『패널데이터 분석방법론 세미나 자료집』.
김상원, 2007, "아동과 청소년 비행의 원인비교: 허쉬의 사회유대이론을 중심으
    로", 『형사정책연구』 제18권 제2호: 325 - 353.
김아영 · 이명희 · 전혜원 · 이다솜 · 임인혜, 2007, "청소년이 지각하는 유능감
    및 관계성과 비행 간의 종단적 관계 분석", 『교육심리학회』 제21권 제4
    호: 945 - 968.
김유선, 2008, 『비정규직 규모와 실태: 통계청 '경제활동인구조사 부가조사'(2008.08)
    결과』, 한국노동사회연구소.
김은경 · 김지선 · 이승현 · 원혜욱 · 평화여성회, 2007, 『21세기 소년사법 개혁의
    방향과 과제』, 한국형사정책연구원.
김준호, 1989, "사회학분야에서의 청소년비행연구 동향과 과제", 『한국청소년연
    구』 창간호.
_____, 1990, "청소년비행의 원인에 관한 연구: 공부에 대한 압력을 중심으로",
    『형사정책연구』 창간호: 113 - 48.
김준호 · 이동원, 1995, 『한국의 청소년 비행척도 개발에 관한 연구』, 한국형사
    정책연구원.
김준호 · 김순형, 1995, 『가정환경과 청소년비행』, 한국형사정책연구원.
김준호 · 안호용 · 김선애 · 김선업, 2002, "가족의 구조 · 기능과 청소년비행", 『한
    국청소년연구』 13: 225 - 267.

김준호 · 이순래, 1995, 『소년범죄자의 성인 범죄자로의 전이에 관한 연구』, 한국형사정책연구원.

김지선, 2000, "청소년비행연구 동향에 대한 수량적 고찰", 『청소년학연구』 제7권 제2호: 183 – 219.

노성호, 1992, "한국의 청소년비행화에 관한 연구", 고려대학교 사회학과 박사논문.

______, 2005, "청소년비행에 미치는 가정, 학교, 친구요인의 상호작용효과 검증", 『형사정책연구』 제16권 제3호: 295 – 330.

______, 2006, "비행친구와 비행행동의 인과성에 대한 검증", 『형사정책연구』 제17권 제4호.

______, 2007, "청소년비행에 대한 생애과정이론과 잠재적특성이론의 경험적 비교", 『형사정책연구』 제18권.

문병욱 · 신병준, 2008, "일반긴장이론을 통한 인문계와 실업계고등학생의 비행 연구", 『한국청소년연구』 제19권 제1호: 33 – 60.

민수홍, 1998, 『가정폭력이 자녀의 비행에 미치는 영향』, 한국형사정책연구원.

박정선, 2004, 『소년범의 범죄화 과정 및 보호방안 연구』, 한국형사정책연구원.

박종일 · 김은정, 2008, "집단정체성연구에서 근원주의와 구성주의 검토", 『2008년 전기사회학대회 발표집』: 309 – 323.

박철현, 2001, "한국의 연령 – 범죄곡선", 『한국인구학』 제24권 제2호: 149 – 177.

______, 2003, "범죄경력의 전문화: 마코프 – 체인분석", 『형사정책연구』 14(1): 243 – 273.

______, 2006, 『범죄경력의 발전과 합리성의 성장』, 한국학술정보(주).

박현수, 2008, 청소년비행과 친구, 고려대학교 사회학과 박사논문.

박현수 · 정혜원, 2007, "낙인의 동태적 영향과 소년비행에 관한 연구", 대한범죄학회 발표문.

신현숙, 2003, "가정환경역경과 청소년의 적응유연성: 보호요소의 매개효과검증", 『청소년상담연구』 11(2): 71 – 84.

에이커스(R. L. Akers), 2000, 『범죄학이론』, 민수홍 · 박기석 · 박강우 · 기광도 · 전영실 · 최병각 공역, 지산출판사.

유성경 · 홍세희 · 최보윤, 2004, "가정의 위험요소와 적응의 관계에서 자아 탄력성, 애착, 실존적 영성의 매개 효과 검증", 『교육심리연구』 제18권 제1호: 393 – 409.

유성경 · 이소래, 2001, "청소년비행수준에 따른 위험요소 및 보호요소 분석", 『한국심리학회지: 상담 및 심리치료』 13(2) 187 – 205.

유순화, 2003, "사회유대이론과 사회학습이론의 통합에 의한 청소년비행예측", 『한국청소년학연구』 제10권 제4호: 269 – 316.

이동원, 1997, "청소년 비행의 통제요인과 유발요인의 상호작용에 관한 연구", 고려대학교 사회학과 박사논문.

______, 2006, 『한국의 청소년비행: 동향과 요인』, 한국학술정보(주).

이병기 · 노성호, 1994, 『소년범죄의 재범력에 관한 연구』, 한국형사정책연구원.

이상문, 2005, "성별에 따른 일탈행동 성장경로의 차이: 미국 청소년패널조사 자료를 중심으로", 『한국사회학』 39: 162 – 197.

______, 2007, "비행발달과정에 대한 두 가지 관점 비교", 『형사정책연구』 제18권 제3호.

이성식, 1995, "청소년비행론에 있어서 허쉬의 사회통제론에 대한 수정된 논의", 『형사정책연구』 24: 183 – 204.

______, 2001, "가정에서의 처벌과 청소년폭력비행", 『교정연구』.

______, 2008, 『청소년 사이버범죄 유형별 원인 및 통제요소에 관한 통합적 연구』, 한국형사정책연구원.

이순래, 2005, "지속적 소년비행에 관한 연구: Moffitt의 이질적 비행발생론을 중심으로", 『형사정책연구』 제16권 제4호: 269 – 299.

______, 2007, "일탈청소년의 발달과 적응", 『인간발달학회 추계 학술심포지엄 발표집』: 83 – 113.

이순래 · 박철현, 2000, "범죄현상에 대한 새로운 분석틀", 『한국공안행정학회』 제9집: 81 – 125.

이유재, 1994, "상호작용효과를 포함한 다중회귀분석에서 주효과의 검증에 대한 연구", 『경연학연구』 제23권 제4호: 183 – 210.

이은주, 1998, "생활사건 스트레스와 사회적 지지가 청소년 비행에 미치는 영향", 『한국청소년학연구』 제28호: 115 – 137.

이철, 2008, "가족, 학교, 비행친구의 비행영향 효과의 연령별 비교", 『2008년 전기사회학대회 발표집』: 519 – 531.

이현희 · 전영실, 2005, "여성범죄 추이 및 관련요인 분석", 『교정연구』 제26권: 57 – 80.

전영실, 2002, "자녀양육과 비행의 관계에 관한 연구", 이화여자대학교 사회학과 박사논문.

______, 2003, "성, 사회유대, 비행에 대한 연구 ─ 가족적 요인을 중심으로", 『형사정책연구』 제14권: 313 – 347.

정기원, 2007, "비행친구: 청소년비행의 원인인가, 아니면 결과인가?", 『청소년학연구』 제14권 제1호: 213 – 237.

정소희, 2007, "청소년기 부모양육행동과 비행의 종단적 상호작용관계", 서울대학교 사회복지학과 박사논문.

정혜경, 1999, "실직으로 인한 가정 분위기, 부모양육태도 및 아동정서의 연관성 연구", 연세대 석사논문.

정혜원, 2002, "일탈소녀들의 소년원 적응전략", 『한국청소년연구』 제13권 제1호: 5 - 41.

______, 2006, "청소년 사회참여의 과정과 형식에 관한 일연구", 『한국청소년학연구』 제13권 제5호: 155 - 186.

______, 2008, "사회적 환경이 청소년비행에 미치는 영향 ― 위험요인과 보호요인을 중심으로", 『청소년복지연구』 제10권 제3호: 149 - 166.

정혜원 · 박정선, 2008, "부정적 인생사건이 비행시작 및 재비행에 미치는 영향: 미시적 요인의 매개효과를 중심으로", 『형사정책연구』 제19권 제2호: 273 - 308.

주소희, 2007, "부모의 이혼과 자녀의 적응: 부모자녀관계와 자아효능감 매개효과를 중심으로", 『한국가족복지학』 제20권: 107 - 137.

주옥한, 1995, "청소년 비행의 원인과 대책에 관한 연구", 『법무연구』 제22권: 115 - 193.

지승희 · 이은경 · 이지은 · 최수미 · 정찬석, 2001, 『청소년비행예방 및 개입전력 개발을 위한 종단연구 I 』, 한국청소년상담원.

최수형, 2007, "비행경력에 영향을 미치는 부정적 반응의 성별차이", 고려대학교 사회학과 박사논문.

최연실, 1996, "청소년자녀기 가족의 가족스트레스에 관한 연구", 서울대학교 소비자아동학과 박사학위논문.

최인섭 · 박철현, 1995, 『재산범 출소자의 재범에 관한 연구: 강력범과의 비교연구』, 한국형사정책연구원.

최재석, 1976, 『한국인의 사회적 성격』, 서울: 개문사.

콜만(J. C. Colmen) · 헨드리(L. B. Hendry), 2006, 『청소년과 사회』, 강영배 · 김기헌 · 이은주 공역, 성안당.

통계청, 2007, 『2006 한국의 사회지표』, 통계청.

한국가족학연구회 편, 2003, 『이혼과 가족문제』, 하우.

한국보건사회연구원, 2007, 『2006 전국 출산력 및 가족보건 · 복지실태 조사 결과』, 한국보건사회연구원.

한영옥, 2007, "재미 한인 청소년의 비행행동과 관련된 위험요인과 보호요인에 관한 연구", 『청소년학연구』 제14권: 95 - 117.

홍세희, 2005, 『이항 및 다항 로지스틱회귀분석』, 교육과학사.

황숙영, 2007, "부모애착, 부모감독, 또래관계가 중학생의 문제행동에 미치는 영향", 중앙대학교 석사논문.

황지태, 1999, "일탈행동 사회통제이론의 문제점 고찰 및 대안모색", 고려대학교 사회학과 석사논문.

2. 국외문헌

Adams, S. Mike, and T. Evans, 1996, "Teacher disapproval, delinquent peers, and self−reported delinquency: A longitudinal test of labeling theory", *The Urban Review* 28: 199−211.

Agnew, R and White, H. R., 1992, "A Empirical Test of General Stain Theory", *Criminology* 30: 475−499.

Agnew, R., 1985, "Social control theory and delinquency: A longitudinal test", *Criminology* 23: 47−61.

Aiken, L. and S. West, 1991, *Multiple Regression: Testing and Interpreting Interactions*, Newbury Park, CA: Sage.

Akers, Ronald L., 1973, *Deviant Behavior: A Social Learning Approach,* California: Wadsworth Publishing.

Amato, Paul and Bruce Keith, 1991, "Parental Divorce and the Well−Being of Childeren: A Meta−Analysis", *Psychological Bulletin* 110: 26−44.

American Psychiatric Association, 1994, Diagnostic and Statistical Manual of Mental Disorders, Forth Edition, DSM−Ⅳ, Washington, DC.

Battin, S., Hill Karl, Abott Robert, Catalano Richard and J David Hawkins, 1998, "The Contribution of Gang Membership to Delinquency beyond Delinquent Friends", *Criminology* 36: 93−116.

Bazemore, G., and C. Terry, 1997, "Developing Delinquent Youths: A Reintegrative Model for Rehabilitation and a New Role for the Juvenile Justice Systems", *Child Welfare* 76(5): 665−716.

Benson, Michael L., 2002, *Crime and the Life Course: An Introduction*, Los Angeles: Roxbury Publishing.

Benson, P., and R. Saito, 2000, The Scientific Foundations of Youth Development, In Public/Private Ventures(ed), Youth Development: Issues, Challenges and Directions and Directions, Philadelphia, Pa.

Bernard, Thomas J. and Jeffrey B. Snipes, 1996, "Theoretical Integration in Criminology", In Michael Tonry(Ed.), *Crime and Justice: A Review of Research,* Chicago: University of Chicago Press.

Bernburg, J. G. and M. D. Krohn, 2003, "Labeling, Life Chances, and Adult crime: the direct and indirect effects of official intervention in adolescence on crime in early adulthood", *Criminology* 41: 1287 − 1318.

Blumstein, A., Cohen, J., Roth, J. A and C. A. Visher, 1986, *Criminal Careers and Career Criminals*, Washington, DC: National Academy Press.

Catalano, F. R., M. W. Arthur., J. D. Hawkins, J. D., L. Berglund and J. J. Olson, 1998, "Comprehensive Community and School − Based Interventions to Prevent Antisocial Behavior", In R. Lober and D. Farrington(eds), Serious and Violent Juvenile Offenders: Risk Factors and Successful Interventions, Thousand Oaks, Calif: Sage Publications, Inc.

Catalano, R. F., R. Loeber and K. C. McKinney, 1999, School and Community Interventions to Prevent Serious and Violent Offending, Washington, DC: Department of Justice, Office of Justice Programs, Offices of Juvenile Justice and Delinquency Prevention.

Catalano, Richard F. and J. D. Hawkins, 1996, "The social development model: A theory of antisocial behavior", In J. D. Hawkins(Ed.), *Delinquency and Crime: Current Theories*, New York: Cambridge University Press.

Catalano, Richard F., Jisuk Park, Tracy W Harachi, Kevin P. Haggerty, Robert D. Abbot, and J. David Hawkins, 2005, "Mediating the Effects of Poverty, Gender, Individual Characteristics, and External Constraints on Antisocial Behavior: A Test of the Social Development Model and Implications for Development Life − Course Theory", In D. P. Farrington(Ed.), *Integrated development and life − course theories of offending*, New Brunswick, New Jersey: Transaction Publishers.

Cognetta, P. V. and N. A. Sprinthall, 1978, "Students as Teachers: Role Taking as a Means of Promoting Psychological Development During Adolescence", in N. A. Sprinthall and R. L. Mosher(eds) Value Development as the Aim of Education, Schenectady, N.Y: Character Research Press.

Cohen, S and Wills, T, 1985, "Stress, social support, and the buffering hypothesis", *Psychological Bullelin* 98(2): 310 − 357.

Coie, J. D., and G. Krehbiel, 1984, "Effects of Academic Tutoring on the Social Status of Low − Achieving Socially Rejected Children", *Child Development* 55: 1465 − 1478.

Coles, B., 1995, *Youth and social policy*, London: UCI Press.

Colvin, M., 2000, *Crime and Coercion: An Integrated Theory of Chronic Criminality*, New York: Palgrave Press.

Conger, R. D. and R. L. Simons, 1997, "Life−Course Contingencies in the Development of Adolescent Antisocial Behavior: A Matching Law Approach", In T. P. Thornberry(Ed.) *Developmental Theories of Crime and Delinquency: Advances in Criminological Theory*. Vol.7., New Brunswick: Transaction Publishers.

Conrad, D., and D. Hedin, 1981, National Assessment of Experiential Education: A Final Report St. Paul, Minn: University of Minnesota.

Cox, S., 1999, "An Assessment of an Alternative Education Program for At−Risk Delinquent Youth", *Journal of Research in Crime and Delinquency* 36(3): 323 − 336.

Cox, S., W. Davison and T. Bynum, 1995, "A Meta−Analytic Assessment of Delinquency−Related Outcomes of Alternative Education Programs", *Crime and Delinquency* 41(2): 219 − 234.

Deptula, Daneen and Robert Cohen, 2004, "Aggressive, Rejected and Delinquent Children and Adolescents: A Comparison of Their Friendships", *Aggression and Violent Behavior* 9: 75 − 104.

Doherty, E. E. 2006. "Self−control, Social bonds, and Desistance: A Test of Life−course interdependence", *Criminology* 44.

Dryfoos, J., 1990, *Adolescents at Risk: Prevalence and Prevention*, New York: Oxford University Press.

Eillot, D and H. Voss, 1974, Delinquency and Dropout, Lexington, Mass: DC Health.

Elder, G. H. Jr, 1974, *Children of the Great Depression*, Chicago: Chicago University Press.

______________, 1985, "Perspectives on the life course", In G. H. Elder(Ed), *Life Course Dynamics*, Ithaca: Cornell University Press.

______________, 1992, "The life course", In E. F. Borgatta and, M. L. Borgatta(Eds), *The Encyclopedia of Sociology,* New York: MacMillan.

Elliot, D., 1993, "Serious Violent Offenders: Onset, Developmental Course and Termination", American Society of Criminology 1993 Presidential Address, *Criminology* 32: 1 − 10.

Farrington, D. P., 2000, "Explaining and preventing crime: The globalization of Knowledge−The American Society of Criminology 1999 Presidential Address", *Criminology* 38: 1 − 24.

______________, 2003, "Developmental and life−course criminology: Key theoretical and empirical issues", *Criminology* 41: 221 − 255.

__________________, 2005a, "Introduction to Integrated development and life—course theories of offending", In D. P. Farrington(Ed.), Integrated development and life—course theories of offending, New Brunswick, New Jersey: Transaction Publishers.

__________________, 2005b, "Conclusions about Developmental and Life—Course Theories", In D. P. Farrington(Ed.), Integrated development and life—course theories of offending, New Brunswick, New Jersey: Transaction Publishers.

Fashola, O. S., 1999, Review of Extended Day and Afterschool Programs and Their Effectiveness, Baltimore, Md: Center for the Research on the Education of Students Placed at Risk.

Fergusson, D. M. and M. T. Lynskey, 1998, "Conduct Problems in Childhood and Psychosocial Outcomes in Young Adulthood: A Prospective Study", *Journal of Emotional and Behavioral Disorders* 6: 2—18.

Ferrer—Wreder, Laura, Hakin Stattin, Carolyn Cass Lorente, Jonathorn Tubman and Lena Adamson, 2003, Prevention and Youth Development Programs: Across Borders, New Yorks: Kluver/Plenum Academic Publishers.

Finn, J. D., G. M. Pannozzo and K. E. Voelkl, 1995, "Disruptive and Inattentive—Withdrawn Behavior and Achievement Among Fouth Graders", *Elementary School Journal* 95: 421—434.

GAO/HEHS, 1997, Welfare Reform and Child Care Supply, Washington, DC: Government Accounting Office.

Giordano, P., Cernkovich S., and J. Rudolph, 2002, "Gender, Crime, and Desistance: Toward a Theory of Cognitive Transformation", *American Journal of Sociology* 107: 990—1,065.

Glueck, S. and E. Glueck, 1950, *Unraveling Juvenile Delinquency*, New York: The Commonwealth Fund.

Glueck, S. and E. Glueck, 1959. *Predicting Delinquency and Crime*. Camvridge, MA: Harvard University Press.

Gottfredson, D., G. Gottfredson and S. Weisman, 2001, "The Timing of Delinquent Behavior and Its Implications for Afterschool Programs", *Criminology and Public Policy* 1(1): 61086.

Gottfredson, Denise, 1998, "School—Based Crime Prevention", In Lawrence W. Sherman et al., Preventing Crime: What Works, What Doesn't, What's Promising. A Report to the U.S. Congress, prepared for the National

Institute of Justice.

Gottfredson, M. and T. Hirschi, 1990, *A General Theory of Crime*, Stanford, California: Stanford University Press.

Grusec, J. E. and J. J. Goodnow, 1994, "Impact of Parental Discipline Methods on Child's Internalization of Values: A Reconceptualization of Current Points of View", *Developmental Psychology* 30(1): 4 − 19.

Hawkins, J. D and R. F. Catalano, 1992, *Communities That Care*, San Francisco: Jossey − Bass.

Hawkins, J. D. and T. Lam, 1997, "Teacher Practices, Social Development and Delinquency", In J. D. Burchard and S. N. Burchard(eds), Prevention of Delinquent Behavior, Newbury Park, Calif: Sage.

Hawkins, J. D., and J. Y. Miller, 1992, "Risk and protective factors for alcohol and other drug problems in adolescence and early adulthood: Implications for substance abuse prevention", *Psychological Bulletin,* 112(1): 64 − 105.

Hawkins, J. D., Smith, B. H., Hill, K. G., Kosterman, R., Catalano, R. F. and R. D. Abbott, 2003, Understanding and preventing crime and violence: Findings from the Seattle Social Development Project, In T. P. Thornberry and M. D. Krohn(Eds.), *Taking Stock of Delinquency: An Overview of Findings from Contemporary Longitudinal Study*, New York: Kluwer/Plenum.

Hawkins, J. D., T. I. Herrenkohl, D. P. Farrington, D. Brewer, R. F. Catalano, T. W. Harachi and L. Cothern, 2000, Predictors of Youth Violence, Washington, DC: U.S. Department of Justice, Office of Justice Programs, OJJDP.

Henggeler, S. W., 1989, Delinquency in Adolescence, Newbury Park, Calif: Sage.

Hirschi, T., 1969, *Cause of Delinquency,* Berkeley: University of California Press.

Hughes, M., 1998, "Turning Points in the Lives of Young Inner − city Men Forgoing Destructive Criminal Behaviors: A Qualitative Study", *Social Work Research* 22(3): 143 − 152.

Huizinga, D., Weiher, A. W., Espiritu R. and F. Esbensen, 2003, "Delinquency and crime: Some highlights from the Denver Youth Survey", In T. P. Thornberry and M. D. Krohn(Eds.), *Taking Stock of Delinquency: An Overview of Findings from Contemporary Longitudinal Study*, New York: Kluwer/Plenum.

Ingersoll, S., and D. LeBoeuf, 1997, Reaching Out to Youth Out of the Education Mainstream, Bulletin Washington, DC: U.S. Department of Justice, Office of Justice Programs, OJJDP.

Jang, S. J. and T. R. Thornberry, 1998, "Self−esteem, delinquent peers, and delinquency: A test of the self−enhancement thesis", *American Sociological Review* 63: 586−698.

Johnson, M. K., R. Crosnoe and G. H. Elder, 2001, "Students Attachment and Academic Engagement: The Role of Race and Ethnicity", *Sociology of Education* 74: 318−340.

Jurich, S., and S. Eses, 2000, Raising Academic Achievement for America's Youth: A Study of 20 Successful Programs, Washington, DC: American Youth Policy Forum.

Kaplan, H. B. and R. J. Johnson, 1991, "Negative Social Sanctions and Juvenile Delinquency: Effects of Labeling in a Model of Deviant Behavior", *Social Science Quarterly* 72: 98−122.

Kelly, B. T., R. Loeber, K. Keenan and M. DeLamatre, 1997, Developmental Pathways in Boy's Disruptive and Delinquent Behavior, Washington, DC: U.S. Department of Justice, Office of Justice Programs, OJJDP.

Kemple, J., and J. Snipes, 2000, Career Academies: Impacts on Students' Engagement and Performance in High School, San Francisco, Calif: Manpower Demonstration Research Corporation.

Larzelere, R. E. and G. R. Patterson, 1990, "Parental Management: Mediator of the Effect of Socioeconomic Status on Early Delinquency", *Criminology* 28(2): 301−324.

Laub, J. H. and G. E. Valliant, 2000, "Delinquency and mortality: A fifty year follow−up study of 1000 delinquency and nondelinquency boys", *American Journal of Psychiatry*, 157: 96−102.

Laub, John H. and Robert J. Sampson, 1993, "Turning points in the life course: Why change matters to the study of crime", *Criminology,* 31: 301−325.

Laub, John H. and Robert J. Sampson, 2003, *Shared Beginnings, Divergent Lives: Delinquent Boys to Age 70,* Cambridge, MA: Harvard University Press.

Le Blanc, M and R. Loeber, 1998, "Developmental Criminology updated", In M. Tonry(Ed.), *Crime and Justice* 23, Chicago: University of Chicago Press.

Le Blanc, M, 1996, "Changing patterns in the perpetration of offenses over time: Trajectories from early adolescence to the early 30s", *Studies on Crime and Crime Prevention* 5: 151−165.

Loeber, R., and M. Stouthamer−Loeber, 1986, "Family Factors as Correlates and

Predictors of Juvenile Conduct Problems and Delinquency", In M. Tonry and N. Morris(Eds.), *Crime and Justice: A Reiew of Research,* Chicago: University of Chicago Press.

Loeber, R., Farrington, D. P. Stouthamer−Loeber, M., Moffitt, T. E., Caspi, A., White, A. W., Wei, E. H. and J. M. Beyers, 2003, "The development of male offending: Key findings from fourteen years of the Pittsburgh Youth Study", In T. P. Thornberry and M. D. Krohn(Eds.), *Taking Stock of Dlinquency: An Overview of Findings from Contemporary Longitudinal Study,* New York: Kluwer/Plenum.

Loeber, R. and M. Le Blanc, 1990, Toward a developmental criminology, In M. Tonry(Ed.), *Crime and Justice: A Review of Research,* Chicago: University of Chicago Press.

Maguin, E., and R. Loeber, 1996, "Academic Performance and Delinquency", In Michael Tonry(ed), Crime and Justice: A Review of Research, Vol.20. Chicago Ⅲ: University of Chicago Press.

Maguin, E., J. D. Hawkins, R. F. Catalano, K. Hill, R. Abbott and T. I. Herrenkohl, 1995, "Risk Factors Measured at Three Ages for Violence at Age 17−18", Paper presented at the American Society for Criminology, November, Boston, Mass.

McLeod, J. D., and M. J. Shanhan, 1993, "Poverty, Parenting and Children's Mental Health", *American Sociological Review,* 58: 351−366.

Moffitt, T. E. Caspi, A., Rutter, M. and P. A. Silva, 2001, *Sex Differences in Antisocial Behavior: Conduct Disorder, Delinquency, and Violence in the Dunedin Longitudinal Study,* Cambridge: Cambridge University Press.

Moffitt, Terrie E., 1993, "Adolescence−Limited and Life−Course−Persistent Antisocial Behavior: A Developmental Taxonomy", *Psychological Review* 100(4): 674−701.

Moffitt, Terrie E., 1997, "Adolescence−Limited and Life−Course−Persistent Offending: A Complementary Pair of Development Theories", In T. P. Thornberry(Ed.) *Developmental Theories of Crime and Delinquency: Advances in Criminological Theory. Vol.7.,* New Brunswick: Transaction Publishers.

Myers, D., and A. Schirm, 1997, The Shot−Term Impact of Upward Bound: An Interim Report, Washington, DC: U.S. Depatment of Education, Planning and Evaluation Service.

Nagin, D. S. and D. P. Farrington, 1993, "The Stability of Criminal Potential from Childhood to Adulthood", *Criminology 31(2)*.

Nagin, D. S. and R. Paternoster, 1991, "On the relationship of past to future participation in delinquency", *Criminology* 29(3): 163 − 189.

Nelson, J. R., 1996, "Designing school to meet the needs of students who exhibit disruptive behavior problems", *Journal of Emotional and Behavioral Disorders* 4: 147 − 161.

Newman, F. M., and R. A. Rutter, 1983, The Effect of High school Community Service Programs on Students' Social Development Madison, Wis: University of Wisconsin.

Paternoster, R. and L. Iovanni, 1989, "The labeling perspective and delinquency: An elaboration of the theory and assessment of the evidence", *Justice Quarterly* 6: 359 − 394.

Patterson, Gerald R., 1982, *Coercive Family Process,* Castalia Publishing Company.

Piquero, A., Farrington, D. P and A. Blumstein, 2003, "The criminal career paradigm", In M. Tonry(Ed.), *Crime and Justice: A Review of Research,* Chicago: University of Chicago Press.

Piquero, A., MacDonald J. and K. Parker, 2002, "Race, Local Life Circumstances and Criminal Activity over the Life − Course", *Social Science Quarterly* 83: 654 − 671.

Piquero, A., Nicole Leeper and M. D. Sealock, 2004, "Gender and general strain theory: a preliminary test of Broidy and Agnew's gender/GST hypotheses", *Justice Quarterly* 21(1): 125 − 158.

Pollard, J. A., Hawkins, J. D., and M. W. Arthur, 1999, "Risk and action: Are they both necessary?", *Social Work Research* 23, 145 − 158.

Raywid, M., 1983, "Alternative Schools as a Model for Public Education", *Theory into Practice* 22: 190 − 197.

Reckless, Walter, 1973, *The Crime: Problem*, New York: Appleton − Century Crofts.

Robins, L. N., and K. S. Ratcliff., 1978. Long − Range Outcomes Associated With School Truancy, Washington, DC: Public Health Service.

Rowe, D., W. Osgood and W. A. Nicewander, 1990, "A Latent Trait Approach to Unifying Criminal Careers", *Criminology* 28(2): 237 − 270.

Rutter, M., 1979, "Protective factors in children's responses to and disadvantage", In Rahdert, E. and I. Amsel(Eds.), *Adolescent drug abuse: Clinical assessment and Therapeutic intervention*, Rockville, MD: National Institute on Drug Abuse.

Rutter, M., 1985, "Resilience in the fail of adversity protective factor and resistance to psychiatric disorder", *British Journal of psychiatry* 147: 158 – 611.

Rutter, M., 1987, "Psychosocial resilience and protective mechanisms", *American Journal of Orthopsychiatry* 57: 316 – 331.

Sampson, Robert J., and John H. Laub, 1993, *Crime in the Making: Pathways and Turning Points Through Life*, Cambridge, MA: Harvard.

__________________________________, 2001, "Crime and Deviance in the Life Course", In A. Piquero and P. Mazerolle(Eds.), *Life – Course Criminology*, Thomson Learning.

__________________________________, 2003, "Life – course desisters? Trajectories of crime among delinquent boys followed to age 70", *Criminology*, 41: 301 – 339. University Press.

Scales, P., 1999, "Reducing Risks and Building Developmental Assets: Essential Actions for Promoting Adolescent Health", *Journal of School Health* 69(3): 113 – 119.

Schartz, R., 2000, Juvenile Justice and Positive Youth Development, In Public/Private Venturess(ed), Youth Development: Issues, Challenges and Directions, Philadelphia, Pa.

Schinke, S., K. Cole and S. R. Poulin, 2000, "Enhancing the Educational Achievement of at – Risk Youth", *Prevention Science* 1(1): 51 – 60.

Sherman, L., D. Gottfredson., D. Mackensie., J. Eck., P. Reuter and S. Bushway, 1998, Preventing Crime: What Works, What Doesn't, What's Promising. A Report to the U.S. Congress, prepared for the National Institute of Justice.

Siegel, L. J., 2007, Criminology: Theories Patterns and Typologies, Ninth Edition, Thomson Press.

Siegel, L. J., and B. C. Welsh, 2008, *Juvenile Delinquency: The Core, 3rd Edition*, Wadsworth: Cengange Learning.

Siegel, L. J., Welsh, B. C., and J. J. Senna, 2006, *Juvenile Delinquency: Theory, Practice and Law, 9th Edition*, Thomson Press.

Simons, Ronald L., Christine Johnson, Rand D. Conger, and Glen Elder, Jr, 1998, "A test of latent trait versus life course perspectives on the stability of adolescent anti social behavior", *Criminology* 36: 217 – 243.

Snyder, H. N., and M. Sickmund, 1995, Juvenile Offenders and Victims: A National Report, Washington, DC: OJJDP.

Snyder, H., and M. Sickmund, 1999, Violence After School, Washington, DC: U.S. Department of Justice, Office of Justice Programs, Office of Juvenile Justice and Delinquency Prevention.

Thornberry, T. P. and M. D. Krohn, 2001, "The development of delinquency: An interactional perspective", In Susan O. White(Ed.), *Handbook of Youth and Justice*, New York: Plenum.

Thornberry, T. P., Alan J. Lizotte, Marvin D. Krohn, Margaret Farnworth and Sung Joon Jang, 1991, "Testing interactional theory: An examination of reciprocal causal relationships among family, school, and delinquency", *Journal of Criminal Law and Criminology* 82: 3−33.

Thornberry, T. P., Krohn, M. D., Lizotte, A. J., Smith, C. A. and K. Tobin, 2003, *Gangs and Delinquency in Development Perspective,* New York: Cambridge University Press.

Thornberry, Terence. P., 1987, "Toward an interactional theory of delinquency", *Criminology*, 25: 863−891.

Tremblay, R. E., Masse, B., Perron, D., and LeBlanc, M., 1992, "Early disruptive behavior, poor school achievement, delinquent behavior and delinquent personality: Longitudinal analyses", *Journal of Consulting and Clinical Psychology* 60: 64−72.

Tremblay, R. E., Vitaro, F., Nagin, D., Pagani, L. and J. R. Seguin, 2003, "The Montreal Longitudinal and Experimental study: Rediscovering the power of descriptions", In T. P. Thornberry and M. D. Krohn(Eds.), *Taking Stock of Delinquency: An Overview of Findings from Contemporary Longitudinal Study*, New York: Kluwer/Plenum.

U.S. Department of Justice, 2000, Working for Children and Families: Safe and Smart After School Programs, Washington, DC: U.S. Department of Justice, Office of Justice Programs, Office of Juvenile Justice and Delinquency Prevention.

Voelkl, K. E., and M. R. Frone, 2000, Predictors of Substance Abuse at School Among High School Students.

Voelkl, Kristen, John W. Welte and William F. Wieczorek, 1999, "Schooling and Delinquency Among White and African American Adolescents", *Urban Education* 34(1): 69−88.

Voydanoff, P., and B. W. Donnelly., 1999, "Risk and protective factors for psychological adjustment and grades among adolescents", *Journal of Family*

Issuses, 20(3): 328 – 349.

Warr, Mark, 1998, "Life course transitions and desistance from crime", *Criminology* 36: 183 – 216.

Weerman, F. M., and W. H. Smeenk, 2005, "Peer similarity in delinquency for different type of friends: a comparison using two measurement methods", *Criminology,* 43(2): 499 – 524.

Wells, L. E., and J. H. Rankin., 1988, "Direct Parental Controls and Delinquency", *Criminology* 23: 263 – 285.

Werner, E. and R. S. Smith, 1992, *Overcoming the odds; high risk children from birth to adulhood,* Cornell University Press.

Werner, E. E., 1986, "Resilient Offspring of Alcoholics: A Longitudinal Study from Birth to Age 18", *Journal of Studies on Alcohol* 47: 34 – 40.

Wilson, James Q. and Richard Hernstein, 1985, *Crime and Human Nature,* New York: Simon & Schuster.

3. 언론보도

조선일보, "경제 불황과 이혼 증가 등에 따른 '가족 해체' 현상이 심화…… 소년 범죄급증", 2008. 06. 06일자.

정혜원 ―――

▌약력

정혜원은 서울에서 태어났다.

평범한 중·고등학교 시절을 보내고, 대학에 가서야 처음으로 우는 법을 배웠고 사랑을 배웠다.
소년원 자원봉사를 계기로 비행청소년들에게 관심을 가지게 되었고, 이를 토대로 일탈소녀의
재사회화과정에 관한 석사논문을 썼다. 박사논문은 인생사건이 비행시작에 미치는 영향에 대
해 썼고 이후 청소년 비행과 관련하여 꾸준히 연구해 오고 있다.

현재 상명대학교·동의대학교 등에서 강의하고 있으며, 이 세상 모든 청소년들이 함께 웃는
날을 위해 노력하고 있다.

▌주요 논문

「청소년단계에서 사이버 비행의 변화에 대한 연구」
「청소년 초기단계에서 범죄피해의 변화와 예측요인에 대한 연구」
「청소년 사회참여의 과정과 형식에 관한 일 연구」 등

청소년 비행의
　 그 시작과 예방

초판인쇄 | 2010년 9월 24일
초판발행 | 2010년 9월 24일

지 은 이 | 정혜원
펴 낸 이 | 채종준
펴 낸 곳 | 한국학술정보㈜
주　　소 | 경기도 파주시 교하읍 문발리 파주출판문화정보산업단지 513-5
전　　화 | 031) 908-3181(대표)
팩　　스 | 031) 908-3189
홈페이지 | http://ebook.kstudy.com
E-mail | 출판사업부　publish@kstudy.com
등　　록 | 제일산-115호(2000. 6. 19)

ISBN　　978-89-268-1512-0　93330 (Paper Book)
　　　　　978-89-268-1513-7　98330 (e-Book)

내일을여는지식 ■ 은 시대와 시대의 지식을 이어 갑니다.